다니엘 헤니와 함께

마법처럼 풀리는 영어

마풀영어

다니엘 헤니와 함께

마법처럼 풀리는 영어

이 책의 특징

국내 유일! 다니엘 헤니와 영어가 풀린다!

할리우드 스타 다니엘 헤니가 나의 영어 선생님이 된다면?
〈다니엘 헤니와 함께 마법처럼 풀리는 영어〉는 스타의 일상을 엿보며, 스타와 마주 앉아 이야기하듯이 영어를 더욱 재미있게 공부할 수 있도록 기획되었습니다. 흠잡을 데 없는 완벽한 외모의 소유자, 품위와 위트가 넘치는 말투, 따뜻하고 인간적인 미소 등 다니엘 헤니는 국내외로 수많은 팬의 사랑을 받고 있는데요. 마풀어학연구소 연구진은 다니엘 헤니와 다양한 주제로 인터뷰를 하며 **'공부가 아닌 일상에 스며드는 영어'**였으면 좋겠다는 취지로 기획 단계부터 함께 했습니다. 전혀 다른 세상에서 다르게 살 것 같은 스타지만, 운동을 좋아하고, 반려견을 끔찍이 사랑하고, 모기를 무서워하는 등 우리와 비슷한 일상을 공유하며 다양한 표현들을 쏟아내 주었습니다. 배우로서의 연기 철학, 미국에서의 라이프 스타일과 한국인으로서의 정체성 등 **총 56가지 주제로** 펼쳐지는 〈다니엘 헤니와 함께 마법처럼 풀리는 영어〉! 소소한 일상은 물론 속 깊은 주제들로 이어지는 인터뷰 내용을 바탕으로 미국 현지에서 실제로 많이 사용하는 생생한 영어를 쉽고 재미있게 익힐 수 있습니다. **외국어로 말하고 싶을 때 말할 수 있어야 하는데 일상의 쉬운 말조차 바로 떠오르지 않은 경험이 있다면** 〈다니엘 헤니와 함께 마법처럼 풀리는 영어〉는 탁월한 선택이 될 것입니다. 다니엘 헤니와 일상을 공유하며 영어가 마법처럼 풀리는 경험을 시작해 보세요.

마풀영어의 Signature 강의들과 연계된 콘텐츠

교재 속 표현과 문장이 아무리 좋아도, 반복해서 듣고 입으로 뱉어보는 훈련을 병행해야 언어를 배우는 효과를 극대화할 수 있습니다. 언어를 책으로 학습할 때 겪는 한계를 극복하기 위해 **마풀영어(http://english.mapool.co.kr)의 [왕기초영어 – 다니엘 헤니와 함께 하는 기초영어 편]에서는 교재를 보다 효과적으로 학습할 수 있도록 생생한 영상 콘텐츠와 강의를 제공**하고 있습니다.

(1) 주요 표현들을 인터뷰에서 확인하고, 직접 체험하는 듯한 상황 속에서 응용문장을 익히고, 현지인의 발음을 따라 말해볼 수 있게 구성하였습니다.

(2) 주요 표현들이 익숙해졌다면 [스타영어–다니엘 헤니 편]에서 전체 인터뷰 영상과 전문 강사의 설명을 통해 좀 더 심화한 학습을 할 수 있습니다. **회화뿐 아니라, 단어, 발음, 청취 그리고 몸짓이나 표정과 같은 비언어적 요소까지 놓치고 싶지 않다면** 강의, 연습, 훈련이 모두 가능한 마풀영어 사이트를 확인해 보세요.

문화를 알면 언어가 풀린다! 마풀의 미국 문화 이야기

문화는 삶의 일부이고 사람들의 견해와 가치관뿐만 아니라 유머와 기대감, 두려움의 요소들을 모두 담고 있습니다. 이러한 **문화를 반영하는 것이 바로 그 나라의 언어**이기 때문에, 문화를 이해해야 비로소 해당 언어를 제대로 이해할 수 있습니다. 이에 마풀어학연구소 연구진은 현지에서 직접 체험하고 깨달은 다채롭고 유익한 문화 이야기를 엄선하여 교재에 수록하였습니다. 파티, 에티켓, 연애, 생활 방식 등 **35가지 이상의 흥미롭고 재미있는 주제**로 쉽고 재미있게 미국의 문화를 경험해보세요.

구매 고객에게 드리는 마법 같은 혜택

다니엘 헤니 기초영어가 포함된 '왕기초영어' 모두를
학습할 수 있는 마풀영어 2주 무료 수강권을 드립니다.

무료수강권 사용 방법

① 우측의 QR코드로 접속하여 구매 고객 전용 플친 맺기
② '왕기초영어 2주 무료 수강권 받기' 버튼 클릭 후 쿠폰 받기 진행
③ 생성된 12자리 쿠폰번호를 마풀영어 홈페이지(http://english.mapool.co.kr) 회원가입 후 수강신청 페이지로 이동하여 수강 쿠폰 등록하기
④ 내 강의실에 생성된 무료 수강권(2주) 확인 후 교재와 함께 효과적인 학습

▶유의사항◀ 본 수강권은 1회에 한해 등록 가능합니다.
다른 문의 사항은 마풀영어 고객센터(1670-8056)로 연락 바랍니다.

마풀영어
플친 바로가기

이 책의 학습 방법

Interview

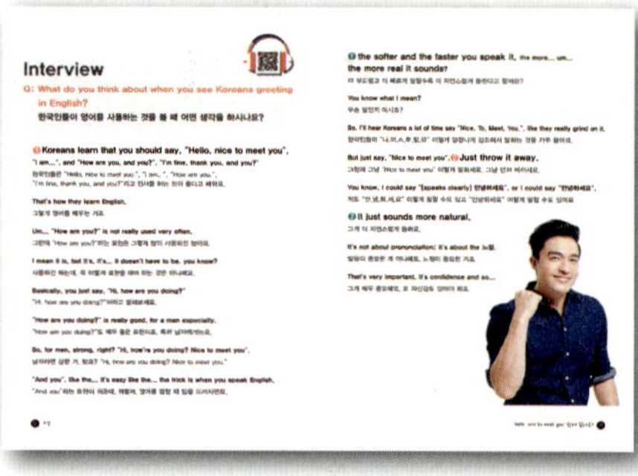
Interview

〈다니엘 헤니와 함께 마법처럼 풀리는 영어〉에서는 학습 주제가 되는 인터뷰 질문, 다니엘 헤니의 인터뷰 내용 전체를 담은 full script를 제공합니다. 또한 인터뷰 질문 우측 상단의 QR코드로 **다니엘 헤니의 생생한 인터뷰 음성**을 들을 수 있도록 했습니다. 처음에 듣는 내용이 이해되지 않고 잘 들리지 않더라도 괜찮습니다.
다니엘 헤니의 **목소리 톤과 음의 높낮이, 강세와 리듬을 최대한 의식하며** 들어보세요. 음성을 다 듣고, 아래 제공되는 영문 script와 한글 해석을 확인해 보세요. 문장 단위로 해석을 제공해 모르는 영어 표현은 표시하면서 읽고, 해당하는 내용을 바로 확인할 수 있도록 했습니다. 전체 인터뷰 내용을 파악했다면, 다시 QR코드로 음성을 들어보세요. 여러 번 반복해서 들으면 더 효과적입니다. 인터뷰 속 주요 표현과 문법 구문, 핵심 문장에 번호와 강조 표시를 해두었고, 뒤에 자세한 설명이 나옵니다.
이와 연계하여 마풀영어(http://english.mapool.co.kr)의 [스타영어-다니엘 헤니 편]에서는 다니엘 헤니와 다양한 주제로 **인터뷰한 full 영상과 함께 전문 강사가 설명해 주는 강의**로 주요 표현을 학습할 수 있습니다.

Interview 속 기초 표현

앞에 나온 인터뷰 내용에서 번호와 볼드체로 강조 표시된 **주요 표현 및 문법 구문을 학습**하는 페이지입니다. 우선 배울 내용을 직관적으로 파악할 수 있도록 표현과 뜻이 간결하게 제공되고, 그다음 일상생활에서 누구나 쉽게 접할 수 있는 상황을 이미지로 제시하면서, 이에 맞게 배운 내용을 활용할 수 있는 예문을 실었습니다.

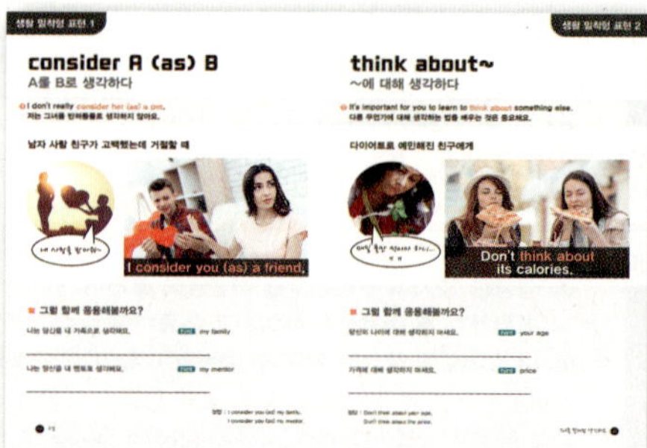
consider A (as) B
A를 B로 생각하다
I consider you (as) a friend.
think about~
~에 대해 생각하다
Don't think about its calories.

상황과 예문을 함께 보면서 학습 구문을 확실히 이해하고 넘어가도록 합니다. 위에서 학습한 구문에 주어진 힌트를 이용하여 문장을 완성해보는 연습 문제가 아래에 제공됩니다. 단순하게 표현을 학습하는 것에만 머무는 것이 아니라, **배운 내용을 내 것으로 만들 수 있도록** 하였습니다. 주어진 단어를 이용하여 문장을 완성해 보고 아래 정답을 바로 확인하여 틀린 문제는 다시 만들어봅니다.

이와 연계하여 마풀영어(http://english.mapool.co.kr)의 [왕기초영어 – 다니엘 헤니와 함께 하는 기초영어 편]에서는 주요 표현에 대한 짧은 interview 영상과 함께 해당 표현을 활용하고 생생한 상황 속 응용문장을 학습할 수 있는 강의가 제공됩니다.

다니엘 헤니가 알려주는 Key Expression

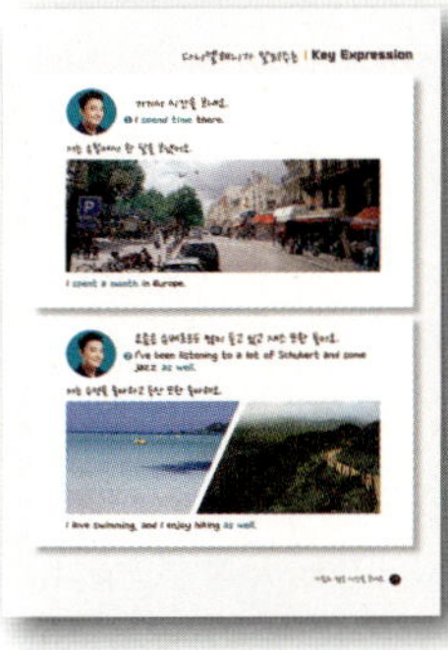

다니엘 헤니의 **인터뷰 중 중요한 어휘와 숙어**를 담고 있는 문장들을 배우는 부분입니다. 먼저 다니엘 헤니의 인터뷰 내용을 상기하며 첫 번째 주어진 문장과 표현을 되새겨 보세요. 단순히 보는 것에만 그치지 말고, 색깔로 강조된 부분을 유의하며 큰 소리로 자연스럽게 읽어봅니다. 다음으로 아래 주어진 한글 문장과 이미지를 보면서 머릿속으로 문장을 완성해보고, 큰 소리로 말해보세요. 해당 영문 문장은 이미지 아래에서 확인할 수 있습니다. 이 과정에서 **학습한 표현을 실제로 활용해 보는 speaking 훈련**이 가능합니다.

문화 엿보기

다니엘 헤니의 인터뷰 내용과 더불어 마풀 어학연구소 연구진들이 미국 현지에서 몸소 체험하며 느끼고 깨달은 **흥미롭고 유익한 문화 이야기**도 가득 담겨 있습니다. 파티, 만남, 의료, 공휴일, 에티켓, 운전, 유원지, 음식 등 **35가지 이상의 다양한 화제**로 미국 문화를 가볍게 접할 수 있도록 구성한 부분입니다. **언어를 배운다는 것은 그 나라의 문화를 함께 알아가는 것**이므로 영어를 공부하는 분들에게 유용한 내용이 될 것입니다.

Contents

다니엘 헤니와 함께하는 기초 영어 1

다니엘 헤니와 함께하는 기초 영어 2

1강

우리 집에는
수영장이 있어요.

Interview

Q: Can you describe your house for us in detail?
당신의 집을 자세히 설명해주실 수 있나요?

Yeah, like if you go into my house... um... to the right side, is the kitchen...
제집에 들어가면 오른쪽에 주방이 있어요.

Um... and it has a... ❶ **my kitchen has a floor like a checker board.**
그리고 제 주방은 바닥이 체커판같이 되어있어요.

❶ **Have you ever seen like Alice in the Wonderland?**
이상한 나라의 앨리스 본 적 있으세요?

The checker board? So, it has the checker board floor, and then next to the kitchen is the dining room.
체커판 아시죠? 네, 바닥이 체커판이고요, 주방 옆에 식당이 있어요.

And you go outside and ❷ **there is a swimming pool...** and... uh... nice view.
그리고 밖으로 나가면 수영장이 있어요. 경치가 좋죠.

And then the living room is there,
❷ **the bedrooms are on the other side, in the back side.**
그리고 거실이 있고요, 다른 쪽, 뒤쪽에 침실들이 있죠.

Um... we have very high ceilings, and then we have a skylight that goes down the hallway.
집의 천장이 매우 높고요, 복도를 따라 주욱 이어지는 채광창이 있어요.

Um... so, yeah, it's got a good flow.
네, 집의 느낌(flow)이 좋아요.

So, if you go to someone's house and like the way it feels,
만약 당신이 다른 사람의 집에 갔는데 그 느낌이 마음에 든다면

you can say "Oh, your house has a good flow." Flow. FLOW.
"와, flow가 참 좋다"라고 말하면 된답니다.

like~
~와 같이, ~처럼

❶ My kitchen has a floor like a checker board.
제 주방은 바닥이 체커판같이 되어있어요.

늦잠을 자 지각할 거 같을 때

■ 그럼 함께 응용해볼까요?

나는 치타처럼 달렸어요. hint cheetah

나는 번갯불처럼 달렸어요. hint lightning

정답 : I ran like a cheetah.
I ran like lightning.

There is/are~
~가 있다

❷ There is a swimming pool.
수영장이 있어요.

이번 주에 중요한 회의가 있을 때

■ 그럼 함께 응용해볼까요?

영화관이 있어요. hint movie theater

____

많은 사람이 있어요. hint a lot of people

____

정답 : There is a movie theater.
There are a lot of people.

이상한 나라의 앨리스 본 적 있으세요?

❶ **Have you ever seen** Alice in the Wonderland?

뉴욕에 가본 적 있으세요?

Have you ever been to New York?

다른 쪽, 뒤쪽에 침실들이 있죠.

❷ The bedrooms are **on the other side**, in the back side.

다른 쪽 잔디가 더 푸르다. → 남의 떡이 더 커 보인다.

The grass is always greener **on the other side** of the fence.

문화 엿보기 | 주택

I want to live in a loft.
난 loft에서 살고 싶어요.

loft는 1980년대 미국 산업 위기로 빈 공장들을 아티스트들이 무단 거주하면서 생기기 시작했다고 합니다. 아티스트들이 이 버려진 공장이나 창고들을 개조하여 예술적으로 인테리어를 해 주택 공간으로 만들었고, 문화생활이 발전하면서 부자들이 이를 높이 평가하며 하나둘씩 이사를 오게 되면서 이제는 미국에서 인기 있는 주택 종류 중 하나가 되었다고 하네요.

2강

그녀를
딸처럼 생각해요.

Interview

Q: Do you have any pets?

반려동물이 있나요?

Yeah, I do.

네, 있어요.

❶ I don't really consider her a pet.

그런데 저는 그녀를 반려동물로 생각하지 않아요.

She's more like a daughter.

딸에 가깝죠.

She's an 11-year-old Golden Retriever.

이제 11살 된 골든리트리버예요.

❶ She is spoiled.

그녀는 버릇이 없어요.

Spoiled... you know, spoiled means uh... spoiled is like a... she's a **공주**, princess.

버릇이 없다, 그러니까 무슨 뜻이냐면, 얘가 공주님 같아요.

Spoiled... same thing.

버릇이 없다는 게 그런 의미죠.

Q: Why is taking care of a pet important?
반려동물을 기르는 게 왜 중요하죠?

❷ It's important for you to learn to think about something else,
not yourself.
자신이 아닌 다른 무언가에 대해 생각하는 법을 배우는 것은 중요해요.

❷ It's important for you to take care of another life,
I think, especially for men.
제 생각에 당신에게는 다른 생명을 돌보는 것이 중요한 것 같아요.
특히 남자들에게는 말이죠.

It's important to... um... to learn how to... um... how that something else that depends on you, you know.
나에게 의존하는 다른 무언가를 돌보는 법을 배우는 게 중요하다는 거죠, 그렇죠?

So, that's been really good for me.
네, 저에겐 정말 좋은 거 같아요.

So it's a special thing; it's a connection, you know.
특별한 무언가가 있어요. 연결되는 거죠.

consider A (as) B
A를 B로 생각하다

❶ I don't really consider her (as) a pet.
저는 그녀를 반려동물로 생각하지 않아요.

남자 사람 친구가 고백했는데 거절할 때

■ 그럼 함께 응용해볼까요?

나는 당신을 내 가족으로 생각해요. hint my family

____

나는 당신을 내 멘토로 생각해요. hint my mentor

____

정답 : I consider you (as) my family.
I consider you (as) my mentor.

think about~
~에 대해 생각하다

❷ It's important for you to learn to think about something else.
다른 무언가에 대해 생각하는 법을 배우는 것은 중요해요.

다이어트로 예민해진 친구에게

■ 그럼 함께 응용해볼까요?

당신의 나이에 대해 생각하지 마세요. hint your age

____

가격에 대해 생각하지 마세요. hint price

____

정답 : Don't think about your age.
Don't think about the price.

다니엘 헤니가 알려주는 | Key Expression

그녀는 버릇이 없어요.

❶ She is spoiled.

제 아들은 버릇이 없어요.

My son is spoiled.

당신에게는 다른 생명을 돌보는 것이 중요해요.

❷ It is important for you to take care of another life.

당신에게는 건강한 음식을 먹는 것이 중요해요.

It's important for you to eat healthy food.

Hair of the dog
해장술

요즘에는 매년 동물병원에 개를 데려가 광견병 주사를 맞혀 예방할 수 있지만 예전에는 예방법이 없어 광견병이 매우 위험한 병이었다고 합니다. 이때 광견병을 치료하는 민간요법 중 하나가 광견병에 걸려 사람을 문 개의 털을 상처 부위에 올려놓는 것이었대요. 그래서 hair of the dog는 '개털로 개에게 물린 상처를 치료하다'라는 뜻으로 사용되다가 요즘에는 '술로 술병을 치료하다' 즉, 해장술의 의미로 쓰이게 되었다고 하네요. 숙취가 심한 아침에 친구에게 "Hair of the dog?"라고 제안을... 하면 안 되겠죠? ^^ 소문과 달리 해장술은 썩 좋은 방법은 아니라고 합니다.

3강

가족과
많은 시간을 보내요.

Interview

Q: What do you do in your free time?

여가시간엔 무엇을 하나요?

My free time... um... generally ❶ **I try to spend it with my family as much as I can.**
여가시간이라. 보통 저는 가족들과 시간을 가능한 한 많이 보낼 수 있도록 노력해요.

Um... just... uh... I like to... I like to fish... um... like catching big fish um... at my lake.
낚시하는 것을 좋아해요. 제가 아는 호수에서 대어를 낚는 것을 좋아하죠.

and I like to listen to music and... be outside.
음악을 감상하는 것도 좋고 밖에 있는 것도 좋아요.

I go back to Michigan, my hometown because the air is different there.
제 고향인 미시간에 가면 공기가 다르거든요.

The air is different in Michigan, so ❶ **I spend time there.**
미시간의 공기가 다르기 때문에 거기서 시간을 보내요.

Q: What type of music do you like listening to?
어떤 종류의 음악을 즐겨 들으시나요?

Everything changes as you... as your life changes I think.
제 생각으론 삶이 변하면서 모든 것이 같이 변하는 것 같아요.

You go through phases, so... phases, um.
여러 단계를 거치는 거죠.

When I was younger, I loved rock music, and I still do.
제가 어렸을 땐 록 음악을 엄청나게 좋아했어요. 지금도 좋아하고요.

Um... I think music directly connects with your present mood and your situation.
음악이란 것이 나의 현재 기분이나 상황과 직접 연결이 된다고 생각해요.

Um... I liked rock for a long time, I loved hip-hop for a long time.
오랫동안 록 음악도 좋아했고요, 또 힙합도 오랫동안 즐겨왔죠.

Nowadays, I'm kind of into a weird... jazz, classical phase.
요즘은 희한하게도 재즈나 클래식 음악을 즐기는 단계에 있어요.

I've been... I've been reading a lot of, I always read a lot of Murakami
무라카미의 소설을 항상 읽어 왔는데요,

and ❷ **he is always talking about Schubert** in his books
책에서 그는 항상 슈베르트에 관해 이야기해요.

and so ❷ **I've been listening to a lot of Schubert, and** um... **some jazz as well.**
그래서 요즘은 슈베르트도 많이 듣고 있고 재즈 또한 들어요.

But um, I think it rotates with your moods... music does.
그런데 제 생각엔 음악이라는 것이 기분에 따라 변하는 것 같아요.

as much as~
~만큼 많이

❶ I try to spend it with my family as much as I can.
저는 가족들과 시간을 가능한 한 많이 보낼 수 있도록 노력해요.

친구들을 집들이에 초대했을 때

■ 그럼 함께 응용해볼까요?

원하는 만큼 많이 가져가세요. hint take

____

원하는 만큼 많이 자세요. hint sleep

____

정답 : Take as much as you want.
Sleep as much as you want.

talk about~
~에 관해 이야기하다

❷ He is always talking about Schubert.
그는 항상 슈베르트에 관해 이야기해요.

친구가 너무 자기 연애 이야기만 할 때

■ 그럼 함께 응용해볼까요?

당신은 항상 자신에 관해 이야기해요. hint yourself

____

당신은 항상 쇼핑에 관해 이야기해요. hint shopping

____

정답 : You are always talking about yourself.
You are always talking about shopping.

거기서 시간을 보내요.

❶ I **spend time** there.

저는 유럽에서 한 달을 보냈어요.

I **spent a month** in Europe.

요즘은 슈베르트도 많이 듣고 있고 재즈 또한 들어요.

❷ I've been listening to a lot of Schubert and some jazz **as well**.

저는 수영을 좋아하고 등산 또한 좋아해요.

I love swimming, and I enjoy hiking **as well**.

문화 엿보기 | 파티

I will bring some cupcakes to the potluck party.

난 potluck 파티에 컵케이크를 가져갈 거야.

미국 생활에서 빠질 수 없는 것이 파티죠. 우리가 생각하는 것처럼 거창한 게 아니라 단순히 친한 친구들이나 동네 사람들끼리 모여서 식사하는 것도 모두 파티라고 할 수 있죠. 그중 대표적인 것이 바로 potluck party인데요. 여기서 potluck은 내가 가지고 있는 재료로만 만든 요리를 의미합니다. 따라서 내가 자신있고 잘하는 요리를 준비해 가서 친구들과 나누어 먹는 파티라고 보시면 되겠죠! 다양한 음식을 다양한 사람들과 즐기는 파티, 여러분도 한번 경험해 보세요.

4강

'Hello, nice to meet you' 밖에 없나요?

Interview

Q: What do you think about when you see Koreans greeting in English?

한국인들이 영어를 사용하는 것을 볼 때 어떤 생각을 하시나요?

❶ Koreans learn that you should say, "Hello, nice to meet you", "I am...", and "How are you, and you?", "I'm fine, thank you, and you?"

한국인들은 "Hello, nice to meet you.", "I am...", "How are you.", "I'm fine, thank you, and you?"라고 인사를 하는 것이 좋다고 배워요.

That's how they learn English.

그렇게 영어를 배우는 거죠.

Um... "How are you?" is not really used very often.

그런데 "How are you?"라는 표현은 그렇게 많이 사용되진 않아요.

I mean it is, but it's, it's... it doesn't have to be, you know?

사용하긴 하는데, 꼭 이렇게 표현을 해야 하는 것은 아니에요.

Basically, you just say, "Hi, how are you doing?"

"Hi, how are you doing?"이라고 말해보세요.

"How are you doing?" is really good, for a man especially.

"How are you doing?"도 매우 좋은 표현이죠. 특히 남자에게는요.

So, for men, strong, right? "Hi, how're you doing? Nice to meet you".

남자라면 강한 거, 맞죠? "Hi, how are you doing? Nice to meet you."

"And you", like the... it's easy like the... the trick is when you speak English,

"And you"라는 표현이 쉬운데, 뭐랄까. 영어를 말할 때 팁을 드리자면요,

➊ the softer and the faster you speak it, the more... um... **the more real it sounds?**
더 부드럽고 더 빠르게 말할수록 더 자연스럽게 들린다고 할까요?

You know what I mean?
무슨 말인지 아시죠?

So, I'll hear Koreans a lot of time say "Nice, To, Meet, You.", like they really grind on it.
한국인들이 "나.이.스.투.밑.유" 이렇게 엄청나게 강조해서 말하는 것을 자주 들어요.

But just say, "Nice to meet you". **➋ Just throw it away.**
그런데 그냥 "Nice to meet you" 이렇게 말하세요. 그냥 던져 버리세요.

You know, I could say "[speaks clearly] **안녕하세요**", or I could say "**안녕하세요**".
저도 "안.녕.하.세.요" 이렇게 말할 수도 있고 "안녕하세요" 이렇게 말할 수도 있어요.

➋ It just sounds more natural.
그게 더 자연스럽게 들려요.

It's not about pronunciation; it's about the **느낌**.
발음이 중요한 게 아니에요. 느낌이 중요한 거죠.

That's very important. It's confidence and so...
그게 매우 중요해요. 또 자신감도 있어야 하죠.

should~
~하는 게 좋겠다

❶ Koreans learn that you should say, "Hello, nice to meet you".
한국인들은 "Hello, nice to meet you"라고 인사를 하는 것이 좋다고 배워요.

친구가 피부가 안 좋아져 고민할 때

■ 그럼 함께 응용해볼까요?

당신은 물을 마시는 게 좋겠어요. hint drink water

____

당신은 조용히 하는 게 좋겠어요. hint be quiet

____

정답 : You should drink water.
You should be quiet.

throw away
(던져) 버린다

❷ Just throw it away.
그냥 던져 버리세요.

친구가 잘생긴 남자와의 소개팅을 거절할 때

■ 그럼 함께 응용해볼까요?

당신의 꿈을 버리지 마세요. hint your dream

그 음식을 버리지 마세요. hint food

정답 : Don't throw away your dream.
Don't throw away the food.

다니엘 헤니가 알려주는 | Key Expression

더 부드럽고 더 빠르게 말할수록 더 자연스럽게 들려요.

❶ The softer and the faster you speak it, the more real it sounds.

더 열심히 시도할수록 더 좋아질 거예요.

The harder you try, the better you get.

그게 더 자연스럽게 들려요.

❷ It just sounds more natural.

당신 목소리는 피곤하게 들려요.

Your voice sounds tired.

Let's break the ice.
분위기를 좀 살려 봅시다.

생소한 사람들을 처음 만나면 분위기가 완전 얼음장같이 얼어있고 차가울 때가 있죠?
이런 분위기를 부수고 깨서 따뜻하고 살갑게 만든다는 표현이 break the ice입니다! 이제는 한국에서도 많이 쓰이는 표현이라 많은 분이 들어보셨을 거 같아요. 새 학기 시작 전에 OT를 갔다든지 회사 입사 동기들끼리 모임을 하는데 분위기가 어색하다면 "Let's break the ice."라고 말하며 먼저 분위기 전환을 주도해 볼 수 있겠죠?

5강

제가
비밀을 말해 줄게요.

Interview

Q: How should Koreans greet when they meet new people overseas?

한국인들은 외국에서 처음 만나는 사람들에게 어떻게 인사해야 할까요?

❶ **Let me tell you this.** When you go overseas as a Korean -
제가 이것을 말해 줄게요. 외국으로 나가시면,

and I consider myself a Korean - you have to change the handshake.
아, 참고로 전 저 자신을 한국인으로 생각해요. 외국에 나가시면 악수하는 법을 바꾸셔야 해요.

You are Korean, so in Korea, you do Korean style,
한국인이 한국에 있을 땐 당연히 한국 스타일로 악수해야죠.

but when you are overseas, [hand gesture] just one hand.
그런데 외국에 있을 땐 이렇게 그냥 한 손으로 하세요.

자신 있게. "Nice to meet you." One hand; ❶ **that's the way you do it.**
자신 있게. "Nice to meet you."라고 하신 뒤 한 손으로. 그렇게 하시면 돼요.

That's very important because it shows that you are... you understand the world.
이것은 매우 중요해요. 왜냐하면 내가 세상을 이해한다는 것을 보여주거든요.

It shows that you travel, right? That's very important as well.
외국으로 나가 본 경험이 있다는 것을 보여주기도 하겠죠? 그것도 또한 아주 중요하고요.

Um... ❷ **I'm not sure of other things,** you know?
저는 다른 것들은 확실히 알지 못해요.

There are a lot of things language-wise. Just being polite, being kind...
언어에 관련된 것들이 많을 텐데, 예의 바르게 말하는 것, 친절하게 행동하는 것 등이 있죠.

Q: What are some of greetings that Americans use?
미국인들이 사용하는 인사말은 어떤 것들이 있나요?

So, ❷ **there are a lot of different greetings,** **you know.**
많은 다양한 인사말이 있어요. 아시잖아요.

"Hello", "Hi", "How are you", "What's up", you know, "What's going on", "How're you doing".

다 똑같아.

Everything is the same, same in Korean.
다 똑같아요. 한국말도 그렇죠.

"What's up", "What's happening". There are also like "bro", "brah", "man" : "What's up, bro?", "What's up, man?", "What's up, brah?".

다 slang이지, 다.
다 비속어지, 다.

let me tell you~
내가 ~을 말해 줄게요

❶ Let me tell you this.
제가 이것을 말해 줄게요.

친구가 바람둥이인 동료에게 관심을 보일 때

■ 그럼 함께 응용해볼까요?

내가 나 자신에 대해 말해 줄게요. hint myself

내가 제일 맛있는 메뉴를 말해 줄게요. hint best menu

정답 : Let me tell you about myself.
Let me tell you the best menu.

I'm not sure of~
나는 ~을 확실히 알지 못해요

❷ I'm not sure of other things.
저는 다른 것들은 확실히 알지 못해요.

신입사원이 들어왔는데 나이가 가늠이 안 될 때

■ 그럼 함께 응용해볼까요?

나는 세부사항들을 확실히 알지 못해요. hint details

나는 내 치수를 확실히 알지 못해요. hint my size

정답 : I'm not sure of the details.
I'm not sure of my size.

그렇게 하시면 돼요.

❶ **That's the way** you do it.

그것은 그렇게 요리하면 돼요.

That's the way you cook it.

많은 다양한 인사말이 있어요.

❷ **There are a lot of** different greetings.

사랑에 관한 많은 영화가 있어요.

There are a lot of movies about love.

6강

Haircut은
한 달에 한 번쯤?

Interview

Q: How often do you shave and get your hair done?

면도와 이발은 얼마나 자주 하세요?

❶ I probably go get my hair cut once... a month?
이발은 아마 한 달에 한 번쯤 할 거예요?

Maybe once a month?
한 달에 한 번은 하나?

I don't, you know, it's, it's a thing.
잘 모르겠어요. 그냥 할 때 해요.

❶ I don't really do anything unless I'm working.
저는 일을 하고 있지 않으면 아무것도 안 해요.

So... um... when I'm like in the States, I don't shave, I don't cut my hair.
미국에 있을 땐 면도도 안 하고 이발도 안 해요.

❷ I just let it go.
저는 그냥 내버려 둬요.

Because when I'm working, I have to shave every day,
I have to cut my hair all the time,
일할 땐 매일 면도를 해야 하거든요. 항상 이발도 해야 하고요.

and so it's, nice, you know, **❷ it's nice to do the opposite when you're not busy.**
그래서 바쁘지 않을 땐 그 반대로 하는 것이 좋아요.

once a month
한 달에 한 번

❶ I probably go get my hair cut once a month?
이발은 아마 한 달에 한 번쯤 할 거예요?

돈을 절약하려고 외식은 가끔 할 때

■ 그럼 함께 응용해볼까요?

나는 일주일에 한 번 방을 청소해요. hint clean my room

____

나는 한 달에 두 번 부모님을 방문해요. hint visit my parents

____

정답 : I clean my room once a week.
I visit my parents twice a month.

It's nice to~

~을 하는 것은 좋다

❷ It's nice to do the opposite when you're not busy.
바쁘지 않을 땐 그 반대로 하는 것이 좋아요.

장거리 연애 중 오랜만에 데이트할 때

■ 그럼 함께 응용해볼까요?

집에 있는 것은 좋아요. hint stay at home

____

아침 식사를 하는 것은 좋아요. hint eat breakfast

____

정답 : It's nice to stay at home.
It's nice to eat breakfast.

다니엘 헤니가 알려주는 | Key Expression

저는 일을 하고 있지 않으면 아무것도 안 해요.

❶ I don't really do anything unless I'm working.

저는 밤새 비가 오지 않으면 갈 거예요.

I will go unless it rains all night.

저는 그냥 내버려 둬요.

❷ I just let it go.

저는 빨래를 내버려 둬요.

I let my laundry go.

7강

중요한 것은 느낌이에요!

Interview

Q: What's the first thing you see when you meet someone for the first time?

누군가를 처음 만났을 때 가장 먼저 보는 것은 무엇인가요?

❶ I mean, obviously the first thing you see is the face...
I mean, for me anyway.
제 말은, 당연히 가장 먼저 보게 되는 부분은 얼굴이에요. 저는 말이죠.

Um... yeah, the eyes and the face are very important.
네, 눈과 얼굴이 매우 중요하죠.

Um... yeah, I mean, **❷ eyes give away the energy,**
눈은 에너지를 보여줘요.

and energy is very important, so I look someone in the eye.
에너지는 매우 중요하기 때문에 전 사람들의 눈을 보죠.

Um... **❶ I don't trust people who don't look you in the eye.**
저는 눈을 마주치지 않는 사람들을 믿지 않아요.

Yeah, I don't like that. I like to be looked in the... not constantly.
네, 그런 거 싫어해요. 상대방이 제 눈을 보길 원해요. 계속 보는 건 말고요.

But, I like people who will meet your, meet your gaze.
저와 시선을 맞추는 사람을 좋아하는 거죠.

Yeah, **❷ it's all about 느낌,** 느낌 is important, you know.
중요한 것은 느낌이에요. 매우 중요하죠.

I don't trust~

나는 ~을 믿지 않아요

❶ I don't trust people who don't look you in the eye.
저는 눈을 마주치지 않는 사람들을 믿지 않아요.

친구가 블로그에 올라온 맛집에 가보자고 할 때

■ 그럼 함께 응용해볼까요?

나는 사진을 믿지 않아요. hint photos

나는 대중 매체를 믿지 않아요. hint media

정답 : I don't trust photos.
I don't trust media.

It's all about~

중요한 것은 ~이다

❷ It's all about 느낌(feelings).
중요한 것은 느낌이에요.

기념일 데이트 장소를 알아볼 때

■ 그럼 함께 응용해볼까요?

중요한 것은 직업이에요. hint career

____

중요한 것은 건강이에요. hint health

____

정답 : It's all about career.
It's all about health.

제 말은, 당연히 가장 먼저 보게 되는 부분은 얼굴이에요.
❶ **I mean**, obviously the first thing you see is the face.

제 말은, 정말 재미있었어요.

I mean, it was fun.

눈은 에너지를 보여줘요.
❷ Eyes **give away** the energy.

당신의 표정은 당신의 감정을 보여줘요.

Your facial expressions **give away** your feelings.

문화 엿보기 | 만남

Are you flirting with me?

저한테 작업 중이신가요?

잘 모르는 이성이 다가와 외모나 행동에 대해서 칭찬을 한 적이 있나요?
그것이 바로 flirting입니다. 꼭 연애를 목적으로 하는 것은 아니기 때문에 진지하게 접근하기보다는, 가볍고 장난스러운 방식으로 말을 거는 행동을 말해요. 그래서 우리나라 말로 '작업 멘트를 던진다'는 구어적인 표현과 매우 비슷한 의미가 있습니다. 만약, 여러분에게 누군가 다가와서 시시덕거리며 말을 건다면, "Are you flirting with me?"라고 당차게 물어볼 수 있겠죠!

8강

솔직히
남자도 피부가 생명!

Interview

Q: What are some tips for taking care of skin?
피부 관리에 관한 조언을 해주실 수 있나요?

Well skin is, the skin is difficult.
피부관리라. 피부관리는 어렵죠.

Uh... especially, you know, ❶ **as you get older, it's important to take care of it.**
아시다시피 특히, 나이가 들수록 관리가 중요하죠.

I think ❶ **men need to take care of their skin more, to be honest with you.**
솔직히 말하자면 남자들이 피부 관리를 더 해야 하는 것 같아요.

Skin care is very important... um... wearing sunblock, using moisturizer... um... before you sleep, using moisturizer,
피부관리가 중요한데, 선크림도 발라야 하고 자기 전에 보습크림도 발라야 하고요.

when you wake up in the morning, putting sunblock on.
아침에 일어나면 선크림은 발라야죠.

Even if it's not sunny outside, you should always wear sunscreen... uh...
밖에 햇빛이 강하지 않더라도 선크림은 항상 바르세요.

drink a lot of water, try not to drink a lot of alcohol, you know.
물도 많이 마셔야 해요. 술은 최대한 드시지 마시고요.

It's okay to drink alcohol once in a while, but you have to have fun in life,
가끔 술을 먹는 것은 괜찮죠. 살면서 재미있는 것도 해야 하잖아요.

but not all the time.
하지만 항상 그러는 것은 안 되죠.

I wouldn't recommend smoking cigarettes, ❷ **smoking cigars, that's not good for your skin.**
담배나 시가를 피우는 것도 추천하지 않아요. 피부에 좋지 않아요.

Men don't realize these things.
남자들이 이런 것들을 모르고 있어요.

Like smoking cigars for example, that's very bad for your skin.
시가를 예로 들어볼게요. 피부에 매우 나쁘거든요.

Lot of carcinogens, carcinogen is a very useful word.
많은 발암물질, 발암물질도 알아두시면 유용한 단어예요.

Carcinogen means poison.
발암물질은 독을 의미해요.

It's in cigarettes, it's in cigars, and it's in different types of things in the house.
담배에도 있고, 시가에도 있고, 집에서 흔히 볼 수 있는 여러 물건에 있어요.

But um... yeah, so ❷ **you just have to be cognizant about using proper skin care.**
그래서 적절한 피부 관리법을 알고 있어야 해요.

Cognizant means aware, and informed.
Cognizant라는 단어는 인식하고 있는, 알고 있는 등을 의미하죠.

to be honest with you
솔직히 말하자면

❶ Men need to take care of their skin more, to be honest with you.
솔직히 말하자면 남자들이 피부 관리를 더 해야 해요.

남자친구에 대한 마음이 식었을 때

■ 그럼 함께 응용해볼까요?

솔직히 말하자면, 나는 시험에 떨어졌어요. hint I failed the test

____

솔직히 말하자면, 나는 거짓말을 했어요. hint I lied

____

정답 : To be honest with you, I failed the test.
To be honest with you, I lied.

A is not good for B
A는 B에 좋지 않다

❷ Smoking cigars **is not good for** your skin.
시가를 피우는 것은 피부에 좋지 않아요.

너무 술을 좋아하는 친구에게 조언할 때

■ 그럼 함께 응용해볼까요?

카페인은 당신에게 좋지 않아요. hint caffeine

____

불량식품은 당신에게 좋지 않아요. hint junk food

____

정답 : Caffeine is not good for you.
Junk food is not good for you.

다니엘 헤니가 알려주는 | Key Expression

나이가 들수록 관리가 중요하죠.

❶ **As you get older**, it's important to take care of it.

더 열심히 공부할수록 좋은 점수를 받을 수 있어요.

As you study harder, you can get a good grade.

적절한 피부 관리법을 알고 있어야 해요.

❷ You just have to **be cognizant about** using proper skin care.

새로운 정책을 알고 있어야 해요.

You have to **be cognizant about** the new policy.

9강

캐주얼한 차림이 더 좋아요.

Interview

Q: What do you usually wear when you work out?

운동할 땐 주로 어떤 옷을 입나요?

I think it's important when you work out to, to look good, to feel good.
운동할 땐 보기에도 좋고 내 기분도 좋아야 한다는 것이 제 생각이에요.

You know, you want to make sure you feel good, and
나 자신이 기분이 좋아야 하고

you wear clothes that are... um... body conscious.
내 몸을 이해하고 그에 맞는 옷을 입어야 하죠.

Um... just comfortable things.
그냥 편한 옷들이요.

I wear like sweat pants and a tank top.
전 그냥 운동복 바지랑 탱크 톱을 입어요.

Sneakers... um... I love white sneakers.
저는 흰색 운동화를 정말 좋아해요.

I love white, so ❶ **I wear white sneakers all the time.**
흰색을 좋아해서 저는 항상 흰색 운동화를 신어요.

Um... and a lot of times, especially in Korea, I wear like a, ❶ **I wear a baseball cap or something so that people don't constantly come up and want autographs or pictures.**
대부분의 경우, 특히 한국에 있을 땐, 사람들이 계속 사인이나 사진을 원하지 않도록 야구모자 같은 걸 착용해요.

Q: Do you prefer casual or formal wear?

캐주얼한 옷을 좋아하세요, 격식 있는 옷을 좋아하세요?

❷ **I prefer casual.** Um... because when I'm working, I need to wear formal a lot.
저는 캐주얼을 더 좋아해요. 왜냐하면 일할 땐 격식 있는 옷을 자주 입어야 하거든요.

So whenever I'm not working, I like to wear casual clothes.
그래서 일을 하지 않을 땐 캐주얼하게 입는 것을 좋아해요.

Um... and I never liked wearing a suit that much when I wasn't working,
게다가 전 일을 하지 않을 때 정장을 입는 것을 좋아한 적이 없었어요.

and then I realized it's kind of nice sometimes, you know?
그런데 가끔은 그렇게 입는 것도 괜찮다는 것을 알게 됐죠. 그렇죠?

Like to dress up and to go out to dinner and wear a suit and tie sometimes,
가끔은 정장이랑 넥타이로 잘 차려입고 저녁을 먹으러 나간다거나 말이죠.

so I'm starting to wear it more often.
그래서 최근에는 좀 더 자주 입기 시작했어요.

But... uh... not that much.
그래도 그렇게 자주 입지는 않죠.

❷ **When I'm on my own, I'm always in a T-shirt and jeans and a baseball cap.**
저 혼자 있을 땐, 항상 티셔츠와 청바지에 야구모자를 쓰고 있어요.

That's how I roll.
그게 제 스타일이에요.

all the time
항상

❶ I wear white sneakers all the time.
저는 항상 흰색 운동화를 신어요.

친구가 휴대폰을 잃어버렸을 때

*clumsy : 서투른, 칠칠맞지 못한

■ 그럼 함께 응용해볼까요?

당신은 항상 배고프군요. hint hungry

____

당신은 항상 친절하군요. hint kind

____

정답 : You are hungry all the time.
You are kind all the time.

prefer~
~을 더 좋아하다

❷ I prefer casual.
저는 캐주얼을 더 좋아해요.

가족여행을 계획할 때

■ 그럼 함께 응용해볼까요?

나는 고양이를 더 좋아해요. hint cats

____

나는 바지를 더 좋아해요. hint pants

____

정답 : I prefer cats.
I prefer pants.

다니엘 헤니가 알려주는 | Key Expression

사람들이 계속 사인이나 사진을 원하지 않도록 야구모자 같은 걸 착용해요.

❶ I wear a baseball cap or something **so that** people don't constantly come up and want autographs or pictures.

그들이 절 찾을 수 있도록 손을 들었어요.

I raised my hand **so that** they could find me.

저 혼자 있을 땐, 항상 티셔츠와 청바지에 야구모자를 쓰고 있어요.

❷ When I'm **on my own**, I'm always in a T-shirt and jeans and a baseball cap.

당신은 이제부터 혼자예요.

You are **on your own** from now on.

It's finally hoodie weather!

마침내 후디 입을 계절이 왔어요!

미국인들은 평소에 격식 없는 복장을 즐겨 입는 편인데, 특히 남녀를 불문하고 인기 있는 평상복으로 hoodie가 있습니다. hoodie는 일반적인 두께의 모자가 달린 티를 일컫는데요, 우리나라에서 흔히 '후드티'라고 부르지만 본래 명칭은 '후디(hoodie)'가 맞습니다. 미국 대학교 캠퍼스를 방문해 보시면 학교 로고가 새겨진 hoodie를 입고 있는 학생들의 모습을 쉽게 발견할 수 있죠. 더운 여름이 가고 선선한 바람이 불기 시작하는 계절이 왔을 때, "It's finally hoodie weather!"라고 표현하기도 한다고 하네요.

10강

한국과 중국의 패션 스타일?

Interview

Q: How do Americans perceive Asian fashion?
미국인들은 동양인의 패션을 어떻게 생각하나요?

Well, America is a very big country.
음, 미국은 엄청나게 큰 나라죠.

So, there are a lot of different people in America with different opinions.
그만큼 미국에선 사람들이 다 다르고 그 의견도 각자 달라요.

Um... and there are a lot of different people in Asia.
또 동양에도 여러 민족이 있죠.

For example... um... I think that Japanese fashion is very different from Korean fashion,
예를 들자면 제가 보기엔 일본 패션이 한국 패션과 매우 달라요.

and ❶ **the Korean fashion is very different from Chinese fashion.**
또 한국 패션은 중국 패션과 매우 달라요.

Um... I appreciate all the different countries, but everyone's different, you know?
저는 다양한 국가적 성향을 존중하지만, 사람들이 다 다르잖아요?

I think, if I'm speaking in general - like in general,
제 생각엔, 좀 일반화를 해서 말하자면,

I think that Americans feel that Asian men are taking more risks these days with fashion,
동양인 남자들이 패션에 관해서 더 도전적이라고 미국인들은 생각하는 것 같아요.

and becoming a bit more fashion forward,
좀 더 패션의 선두에 있는 느낌이고요.

um... especially younger generation, which I think is great.
특히 젊은이들은 더 그렇죠. 제 생각엔 멋있는 것 같아요.

Um... fifteen, twenty years ago, ❶ **you never really thought about Asia, especially Asian men, as being fashion forward.**
15년 전, 20년 전까지만 해도 동양인, 그중에서도 특히 동양인 남성들이 패션의 선두에 서 있다고는 한 번도 생각 안 했죠.

But nowadays, you know, I think,
그런데 요즘은, 제 생각엔,

especially with the influence of K-POP and with... uh... J-POP, the Chinese media influence...
특히 K팝이나 J팝, 그리고 중국의 미디어 영향력을 고려할 때,

I think that men have... have started to kind of make their remark fashion-wise, Asian men.
동양인 남자들이 패션 쪽에서 그 위치를 확실히 잡기 시작한 것 같아요.

Um... which is great, you know, we can influence the West, especially in America,
좋은 거죠. 이젠 우리가 서양인들에게 오히려 영향을 미치는 거니까요. 특히 미국에요.

because ❷ **they are behind there.**
왜냐하면 그들은 그 점에서 뒤처지거든요.

In London, in England, I think that they are doing... they do quite well,
런던, 즉 영국은 패션이 꽤 괜찮은 거 같아요.

European style is amazing,
유럽의 스타일은 환상적이죠.

but ❷ **there's a lot that can be learned in the States from the way Asian men dress** **and things.**
하지만 미국에서는 동양인 남자들이 옷 입는 방법 등을 보고 배울 수 있는 것들이 많아요.

So... um... yeah, I think there is - they look at it with a fondness, if I can say anything.
네, 제 생각을 말씀드리자면 미국인들이 동양인 패션을 상당히 좋게 보고 있어요.

A is different from B

A는 B와 다르다

❶ The Korean fashion is very different from Chinese fashion.
한국 패션은 중국 패션과 매우 달라요.

친구가 김밥과 초밥을 헷갈릴 때

■ 그럼 함께 응용해볼까요?

떡은 빵과 달라요. hint rice cake / bread

____

감기는 독감과 달라요. hint cold / flu

____

정답 : Rice cake is different from bread.
Cold is different from flu.

be behind~
~에 뒤처지다

❷ They **are behind** there.
그들은 그 점에서 뒤처지거든요.

친구가 패션 테러리스트일 때

■ 그럼 함께 응용해볼까요?

내 상사는 시대에 뒤처져요. hint times

____

내 친구들은 일정에 뒤처져요. hint schedule

____

정답 : My boss is behind the times.
My friends are behind schedule.

다니엘 헤니가 알려주는 | Key Expression

동양인, 그중에서도 특히 동양인 남성들이 패션의 선두에 서 있다고는 한 번도 생각 안 했죠.

❶ You **never** really thought about Asia, especially Asian men, as being fashion-forward.

저는 유럽에 한 번도 가본 적이 없어요.

I have **never** been to Europe.

미국에서는 동양인 남자들이 옷 입는 방법을 보고 배울 수 있는 것들이 많아요.

❷ There's a lot that can be learned in the States from **the way** Asian men dress.

당신이 노트북을 끄는 방법은 좋지 않아요.

The way you turn off your laptop is bad.

11강

그 사람이 제 위로 jump 했어요.

Interview

Q: Have you ever had a sports injury?

스포츠로 인해 상처를 입은 적이 있나요?

I was... um... I was a baseball player and... uh... I was like, fourteen years old?
제가 한 14살이었을 때 야구를 했어요.

Yeah, I was fourteen years old and I was a pitcher, right?
14살이었을 때 제가 투수였어요.

So-so, I was actually a pretty good pitcher.
그래도 제법 잘하는 투수였죠.

And I was really excited because it was my last year before moving to high school.
이날 유난히 신났었는데, 고등학교로 올라가기 전 마지막 한 해에 있던 경기였거든요.

So, it was, you know, a very exciting time.
그래서 매우 신나는 시기였죠.

And anyways, I was pitching and I threw the pitch and there was a guy from the other team on third base.
어쨌든, 제가 공을 던졌는데 상대편 선수가 3루에 있었어요.

And I threw the ball and my catcher, he missed the ball.
제가 공을 던졌는데 포수가 그걸 못 잡았죠.

So the ball went behind him. So the guy on the third base came running home.
그래서 공은 포수 뒤로 가버리고 3루에 있던 선수가 홈 베이스로 뛰어오는 상황이었어요.

He kept running. I was like, I saw him coming, I was like "oh no".
계속 달려오더라고요. 걔가 오는 것을 보고 전 "어, 안 되는데" 생각했죠.

So I started running home and the catcher threw me the ball.
그래서 저도 홈 베이스로 뛰기 시작했고 포수도 저한테 공을 던져줬죠.

And I jumped for it and I fell on my side,
저는 공을 잡으려고 뛰어올라선 옆으로 누운 채 착지했는데

and ❶ **the guy from third base jumped on top of me** and crunched me like this.
3루에 있던 애가 제 위로 점프하더니 절 이렇게 눌러버렸죠.

❷ **And this bone, here, came out of my skin.**
그리고 여기 이 뼈가 피부 밖으로 나왔어요.

Right out. Like this, I could see it.
바로 이렇게 말이죠. 제 눈에도 보이더라고요.

And I, because I, my uniform was on, and my teammates and my coach came to me,
그리고 제가 유니폼을 입고 있었는데, 팀원들이랑 코치가 저한테 달려와서는

and they said, because how would you say that in Korean "popping it out?"
그게 뭐지?
말을 해 주더라고요. 한국말로 어떻게 표현하죠? "탈골?"

Yeah, they thought it was that.
네, 어깨 탈골인 줄 알았나 봐요.

I'm like "no, no, no, no, it's not that" and I took my shirt off,
그래서 제가 "아, 그게 아니에요"라고 하면서 셔츠를 벗었죠.

it's not that and I went like that.
그게 아니라 하면서 제가 셔츠를 이렇게 했어요.

And the bone was coming out. And they all went "oooh".
뼈가 튀어나와 있었죠. 그랬더니 사람들이 다 "어…" 이러는 거예요.

Like that, ❶ **I got really sick,** right?
그렇게 저는 정말 아프게 되었어요.

And like, it was so... And ❷ **they took me to the hospital.**
그리곤 그들이 저를 병원으로 데려갔어요.

on top of~
~위에

❶ The guy from third base jumped on top of me.
3루에 있던 애가 제 위로 점프했어요.

친구가 집에 지갑을 두고 갔을 때

■ 그럼 함께 응용해볼까요?

과일들이 접시 위에 있어요. hint fruits / plate

____

책들이 책꽂이 위에 있어요. hint books / bookshelf

____

정답 : Fruits are on top of the plate.
Books are on top of the bookshelf.

come out of~
~에서 나오다

❷ This bone came out of my skin.
이 뼈가 피부 밖으로 나왔어요.

범죄 현장을 목격했을 때

■ 그럼 함께 응용해볼까요?

내 상사가 회의실에서 나왔어요. hint my boss / meeting room

____

내 남동생이 화장실에서 나왔어요. hint my brother / bathroom

____

정답 : My boss came out of the meeting room.
My brother came out of the bathroom.

저는 정말 아프게 되었어요.

❶ I got really sick.

저는 독감으로 아프게 되었어요.

I got sick from the flu.

그들이 저를 병원으로 데려갔어요.

❷ They took me to the hospital.

그가 오늘 밤에 저를 파티로 데려갈 거예요.

He will take me to the party tonight.

문화 엿보기 | 의료

Is there any OTC medicine for fever?

열에 좋은 약 있나요?

몸이 몹시 아플 때는 주로 병원에 가지만 가벼운 감기에 걸리거나 소화가 잘 안 돼 더부룩할 때는 약국에서 약만 사서 먹는 경우가 많습니다. 미국에서도 이처럼 처방전 없이 구매할 수 있는 약들을 편의점이나 식료품점 내의 약국에서 볼 수 있습니다. 이러한 약은 주로 약사가 있는 카운터에 가서 달라고 하는 게 아니라 다른 상품들처럼 선반 위에 전시되어 있기 때문에 over-the-counter medicine이라고 하는데, 주로 약어로 OTC medicine이라고 불려요. 미국에서 여행하는 중에 해열제가 필요하다면, 약국에 가서 OTC medicine을 찾아보세요!

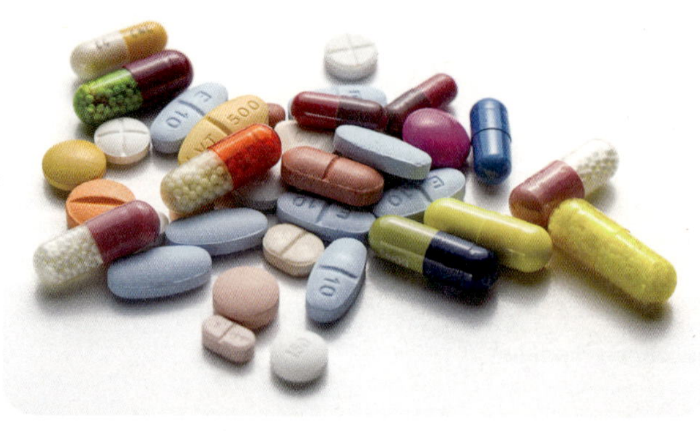

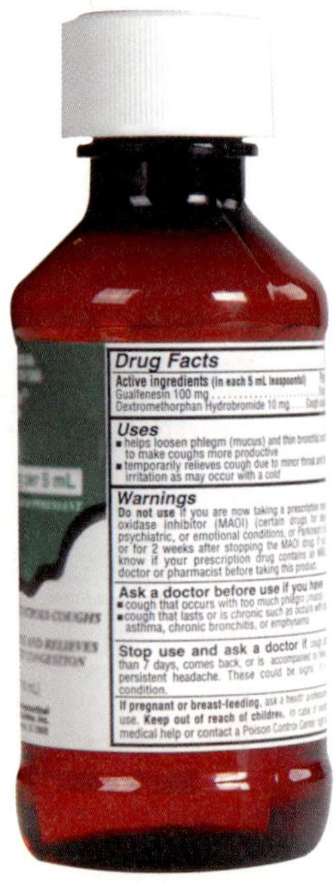

12강

건강 관리는 모든 것의 조합이에요.

Interview

Q: How do you stay healthy and fit?

건강 관리는 어떻게 하세요?

Well, I think it's, ❶ **it's a combination of everything.**
음, 제 생각에 그것은 모든 것의 조합이에요.

You have to know your body.
일단 자신의 몸을 알아야 하고요.

The very, the most important things that people don't realize are,
사람들이 인식하지 못하는 중요한 것이 몇 가지 있는데,

I mean, exercise is probably the last.
솔직히 운동은 아마 제일 중요하지 않은 것 중 하나일 거예요.

And if there are four, if there are four... we say... pillars.
만약 네 개의 기둥이 있다고 가정합시다. 기둥이요.

Pillars are like when you make a list of something when you're speaking English.
영어로 기둥(pillar)이라는 단어는 무엇인가를 나열할 때 사용하기도 해요.

So, the four pillars of being healthy are... one is... one is sleep.
그래서 건강해지는 것의 4개 기둥에서 첫 번째는 수면이에요.

You have to try to get 6 to 8 hours of sleep,
6시간에서 8시간의 잠을 자도록 노력해야 해요.

every night.
매일 밤 말이죠.

Ah... ❶ **the second pillar would be water.**
두 번째 기둥은 물이겠죠.

People don't drink enough water.
사람들이 물을 충분히 마시지를 않아요.

They don't realize how important it is.
물을 섭취하는 것이 얼마나 중요한지 모르는 거죠.

And they think that if they're drinking sports drinks or soda or orange juice or juices,
사람들이 스포츠음료나 탄산음료, 오렌지 주스나 기타 주스를 마시면

that... that it's the same thing,
물을 마시는 것과 똑같다고 생각을 해요.

and it's not.
그게 아니거든요.

There's tons of sugar laced with those drinks
이런 음료들에는 엄청난 양의 설탕이 첨가되어 있어요.

and sugar is very damaging to your progression, athletically or you know, physically.
그리고 설탕은 운동하거나 몸을 개선할 때 매우 해로워요.

Um... ❷ **it takes (you) away from what you want to do.**
그것은 (당신을) 당신이 원하는 것에서 멀어지게 해요.

So, you need to drink a lot of water.
그래서 물을 많이 마셔야 해요.

The first thing I do every morning when I wake up is take a whole bottle of water and guzzle it.
저는 아침에 일어나서 가장 먼저 하는 것이 물 한 통을 다 마시는 거예요.

Whole thing.
통째로 말이죠.

And ❷ **it's amazing how you feel.**
기분이 놀랍더라고요.

I mean, it sounds like a lot, but it's not.
엄청 많게 들릴 수 있는데, 그렇지도 않아요.

Because when you're sleeping for eight hours, your body is depleted and dehydrated.
왜냐하면 8시간 동안 잠을 자면 몸에서 수분이 부족해지거든요.

So you need that water, you need to replenish that into your system.
그래서 물이 필요해요. 체내에 수분을 재공급해야 해요.

Um... the fourth thing, the third pillar would be...
네 번째, 아니, 세 번째 기둥은

it's a toss between exercise and diet.
솔직히 운동과 식단 둘 중 하나인데

Um... I would say definitely, I would say it's diet.
음, 제 생각에는 분명히 식단이라고 말씀드릴 수 있어요.

Eating healthy, eating smaller portions,
건강한 음식을 먹는 것과 소식하는 것

having, you know, high levels of protein in each meal.
끼니마다 고단백질 음식을 챙겨 먹는 것, 그런 거죠.

Uh... making carbohydrates you eat are complex... uh...
탄수화물은 복합 탄수화물을 섭취하세요.

not... wait... not just wasted carbs that will do nothing for your body.
안 좋은 탄수화물은 몸에 좋을 것이 하나도 없어요.

Um... it's a whole science to it.
이게 하나의 과학이거든요.

And the fourth thing is exercise.
그리고 네 번째 기둥이 운동이에요.

But it's simple.
그런데 간단해요.

It's simple.
간단한 거죠.

Eat well, eat smart, drink a lot of water, get your rest and exercise regularly.
잘 먹되 현명하게 먹고, 물 많이 마시고, 휴식도 잘 취하고 운동도 주기적으로 하는 거예요.

combination of~

~의 조합

❶ It's a combination of everything.
그것은 모든 것의 조합이에요.

친구가 어떤 패션을 좋아하는지 물을 때

■ 그럼 함께 응용해볼까요?

나는 영화와 팝콘의 조합을 좋아해요. **hint** movies and popcorn

____

나는 햄버거와 감자튀김의 조합을 좋아해요. **hint** burgers and fries

____

정답 : I love the combination of movies and popcorn.
I love the combination of burgers and fries.

take (A) away from B
(A를) B에서 멀어지게 하다

❷ It takes (you) away from what you want to do.
그것은 (당신을) 당신이 원하는 것에서 멀어지게 해요.

회식에서 음치인 동료가 계속 노래를 부를 때

■ 그럼 함께 응용해볼까요?

그 개를 내 아이에게서 멀어지게 해요. hint dog / my baby

____

음식을 당신의 여동생에게서 멀어지게 해요. hint food / your sister

____

정답 : Take the dog away from my baby.
Take food away from your sister.

다니엘 헤니가 알려주는 | Key Expression

두 번째 기둥은 물이겠죠.

❶ The second pillar **would be** water.

내년에 저는 일하고 있겠죠.

I **would be** working next year.

기분이 놀랍더라고요.

❷ **It's amazing how** you feel.

불고기를 요리하는 법이 쉽다니 놀라워요.

It's amazing how easy it is to cook bulgogi.

13강

그는 사람들과 communication을 잘해요.

Interview

Q: In your opinion, what traits make a good boss?

좋은 상사란 어떤 사람이라고 생각하세요?

❶ A good boss makes every single person around them better.
좋은 상사는 주변 모든 사람이 발전할 수 있게 해요.

A good boss takes time to understand each employee.
좋은 상사는 각 직원을 이해하기 위해 노력하고요.

If he has employees A, B, C, D, E,
만약 A, B, C, D, E라는 직원들이 있다면,

❷ he knows employee A is strong in communication.
그는 직원 A가 의사소통을 잘한다는 것을 알겠죠.

❶ Employee B is good at physicality.
직원 B는 체력이 필요한 일을 잘하고,

Employee C is good at numbers and logistics.
직원 C는 숫자나 물류 업무 등에 능숙하다는 것도 알겠죠.

Employee... And he knows that he can build a perfect team.
그리고 좋은 상사는 완벽한 팀을 구성하는 법도 숙지하고 있어요.

And he knows how to talk to them, when to talk to them, and when not to talk to them.
직원들과 소통하는 법을 알 뿐 아니라, 언제 소통을 해야 하고 말아야 하는지도 알죠.

It's very important, you know.
매우 중요한 거예요.

He knows when the car is going too fast and when it's going too slow.
차가 너무 빨리 달리거나 너무 느리게 달리고 있을 때 이걸 알아차릴 수 있다고나 할까요?

So, it's a delicate balance.
섬세한 균형을 유지해야 해요.

So, ❷ **what makes a good boss is ability, and understanding and listening.**
결국 좋은 상사를 만드는 것은 능력, 이해하는 것, 그리고 듣는 것이죠.

Bad boss, anyone who doesn't have that stuff. Same thing.
나쁜 상사는 이러한 자질이 없는 사람이겠죠. 기준은 똑같아요.

make A B

A를 B하게 만들다

❶ A good boss makes every single person around them better.
좋은 상사는 주변 모든 사람이 발전할 수 있게 해요.

우울하던 친구가 좋아하는 가수 사진을 보고 웃을 때

■ 그럼 함께 응용해볼까요?

맛있는 음식이 당신을 행복하게 만드네요. **hint** delicious food / happy

____

내 강아지가 당신을 즐겁게 만드네요. **hint** my puppy / joyful

____

정답 : Delicious food makes you happy.
My puppy makes you joyful.

be strong in~
~을 잘하다

❷ He knows employee A **is strong in** communication.
그는 직원 A가 의사소통을 잘한다는 것을 알겠죠.

친구가 여행지에서 길을 잘 찾을 때

*directions: 길 안내

■ 그럼 함께 응용해볼까요?

당신은 기억을 잘하네요. hint memory

____

당신은 운동을 잘하네요. hint sports

____

정답 : You are strong in memory.
You are strong in sports.

다니엘 헤니가 알려주는 | Key Expression

직원 B는 체력이 필요한 일을 잘해요.

❶ Employee B is good at physicality.

저는 운동을 잘 못해요.

I am not good at sports.

좋은 상사를 만드는 것은 능력, 이해하는 것, 그리고 듣는 것이죠.

❷ What makes a good boss is ability, and understanding and listening.

그를 훌륭하게 만드는 것은 그의 성격이에요.

What makes him great is his personality.

I'm a real people person.
저는 사교성이 정말 좋아요.

전 세계 어느 곳이든 직장생활을 할 때 다른 사람과 의사소통을 잘하는 기술은 중요하게 여겨져요. 이에 부합하게 사람들과 어울리는 것을 좋아하고, 처음 보는 사람들과도 쉽게 대화하는 사교적인 성격의 사람을 영어로는 people person이라고 부르죠. 보통 people person이라는 표현은 면접에서 자신을 소개할 때 많이 사용되기도 하는데요, 자신의 장점이 사람들과 원만한 관계를 유지하는 성격이라고 생각하는 사람은 "I'm a real people person."이라고 당당하게 어필할 수 있겠죠?

14강

당신은
즐겨야 해요.

Interview

Q: What should people remember as they grow up?

사람들이 나이를 먹으면서 염두에 두어야 할 사항이 있나요?

Well, here's the thing, here's the thing.
제 생각은 이거예요.

I think the one thing that's important for us
한 가지 중요한 것은

is to look in the mirror sometimes
가끔 거울에 비친 자신을 보면서

and make sure that you are still the... ❶ **make sure you are still the child you used to be,**
당신이 여전히 아이였던 그 상태인지를 확인하는 거예요.

you know what I mean?
무슨 말인지 이해가 가시나요?

Like, because when you were a kid... when you were a child, you have a dream.
왜냐하면, 어렸을 땐 꿈이 있었잖아요.

You know, ❶ **you never want to forget that you were a kid,**
당신이 한 아이였었다는 것을 절대 잊으면 안 돼요.

a little kid, one time, thinking about it.
한때 꿈을 가지고 있던 작은 아이였다는 것을요.

You have to, you have to stay that kid.
그 아이로 남아있어야 해요.

It's the most important thing: ❷ **you have to really have fun.**
그게 가장 중요해요. 당신은 정말 즐겨야 해요.

Enjoy your life.
삶을 즐기는 거죠.

Q: What did you want to be when you were young?
다니엘의 어렸을 적 꿈은 무엇이었나요?

❷ **Mine was to be an actor or a basketball player.**
제 꿈은 배우 아니면 농구선수가 되는 것이었어요.

used to
~이었다, 했었다

❶ Make sure you are still the child you used to be.
당신이 여전히 아이였던 그 상태인지를 확인하세요.

소개팅남이 내 헤어스타일에 관해 물을 때

■ 그럼 함께 응용해볼까요?

나는 이탈리아에서 살았었어요. hint live in Italy

____

나는 축구를 했었어요. hint play football

____

정답 : I used to live in Italy.
I used to play football.

have to
~해야 한다

❷ You have to really have fun.
당신은 정말 즐겨야 해요.

시험이 코앞인데 친구가 여행 가자고 할 때

■ 그럼 함께 응용해볼까요?

나는 일찍 출발해야 해요. hint leave early

____

나는 돈을 아껴야 해요. hint save money

____

정답 : I have to leave early.
I have to save money.

다니엘 헤니가 알려주는 | Key Expression

당신이 한 아이였었다는 것을 절대 잊으면 안 돼요.

❶ You **never want to** forget that you were a kid.

그 공연을 절대 놓치면 안 돼요.

You **never want to** miss the show.

제 것(꿈)은 배우 아니면 농구선수가 되는 것이었어요.

❷ **Mine was** to be an actor or a basketball player.

그의 차는 파란색이고 제 것은 빨간색이에요.

His car is blue, and **mine is** red.

문화 엿보기 | 학교

I can't wait for the recess!
쉬는 시간이 기다려져!

수업이 끝나고 10분간의 꿀맛 같은 쉬는 시간 다들 기억하시죠? recess는 이런 쉬는 시간을 의미하는데요, 미국 초등학교는 쉬는 시간이 평균 30분 정도로 한국보다 훨씬 더 깁니다. 이는 아이들이 교실 밖에서 충분히 휴식을 취하고 신체 활동을 할 수 있도록 하기 위해서라고 해요. 심지어, 아이오와주, 네바다주 등과 같은 미국의 몇몇 주에서는 매일 학생들이 최소 30분의 recess를 갖도록 법으로 보장하고 있다고 하죠. 아이들에게 친구들과 함께 신나게 뛰어놀 기회를 제공해 주는 미국의 교육 철학이 담겨있다고 볼 수 있습니다.

15강

자신에게
집중해 보세요.

Interview

Q: What are some of your goals?

어떤 목표를 갖고 계세요?

In the future... um... I just want to be able to... to be fulfilled creatively
이다음에 저는 창의적인 분야에서 성취감을 느끼고 싶어요.

and take care of my family... uh... be a good son, be a good friend,
제 가족을 잘 돌보아 주고 싶고요, 좋은 아들, 좋은 친구가 되는 거예요.

be a better friend to people and um... just be a really good person, you know?
사람들에게 더 좋은 친구가 되어 주고, 그냥 일반적으로 정말 좋은 사람이 되고 싶어요.

That's all I really want to do.
제가 정말 원하는 것은 그뿐이에요.

As far as professionally, I think when people set goals, like,
전문적으로 얘기하자면, 제가 보기엔 사람들이 목표를 세울 때

if you're an actor, "I want to win an Oscar, I want to do this movie."
예를 들어 배우들의 경우, "아카데미 상을 받고 싶다"라든지 "이러이러한 영화에 출연하고 싶다"

❶ I think it's kind of unreasonable. ❶ I think you should just focus on... on you.
그것은 좀 불합리한 것 같아요. 그냥 당신 자신에 집중해야 한다고 생각해요.

Q: How do you plan on achieving them?

목표를 어떻게 달성할 계획이세요?

I've always been a person that sets goals for myself and strives towards those and...
저는 항상 목표를 세우면 그 목표를 달성하기 위해 노력해 왔어요.

But ❷ **I think it's very important to actively visualize yourself achieving those goals,**
제 생각엔 실제로 자신이 그 목표들을 달성하는 모습을 그려보는 것이 매우 중요한 것 같아요.

and not doubting yourself.
자신을 의심하면 안 돼요.

And well, I think you should just focus on... on you, and that stuff will happen.
자기 자신, 그리고 앞으로 일어날 일들에 집중하세요.

So, ❷ I just try to... **just try to do my day-to-day work** as good as I can.
그래서 저는 단지 그날그날의 일을 최대한 열심히 하려고 노력해요.

focus on~
~에 집중하다

❶ I think you should just focus on you.
그냥 당신 자신에 집중해야 한다고 생각해요.

여동생에게 운전을 가르쳐 줄 때

■ 그럼 함께 응용해볼까요?

당신은 학교에 집중해야 해요. hint school

____

당신은 성공에 집중해야 해요. hint success

____

정답 : You should focus on school.
You should focus on success.

try to~
~하려고 노력하다

❷ I just try to do my day-to-day work.
저는 단지 그날그날의 일을 하려고 노력해요.

남자친구가 사진 찍는 걸 어색해할 때

■ 그럼 함께 응용해볼까요?

최선을 다하려고 노력해봐요. hint do your best

___

살 빼려고 노력해봐요. hint lose weight

___

정답 : Try to do your best.
Try to lose weight.

다니엘 헤니가 알려주는 | Key Expression

그것은 좀 불합리한 것 같아요.

❶ I think it's kind of **unreasonable**.

가격이 불합리한 것 같아요.

I think the price is **unreasonable**.

제 생각엔 실제로 자신이 그 목표들을 달성하는 모습을 그려보는 것이 매우 중요한 것 같아요.

❷ I think it's very important to actively **visualize** yourself achieving those goals.

저는 웨딩드레스를 입은 저 자신을 가끔 그려봐요.

I sometimes **visualize** myself in a wedding dress.

16강

연예인으로 산 지
벌써 10년이 됐어요.

Interview

Q: How does it feel to be famous?

유명해지는 것은 어떤 느낌인가요?

Yeah, you know, it's always nice, because ❶ **I just found out from... um... 김선아 that** the -
항상 즐겁죠. 저는 김선아 씨로부터 알게 되었는데,

이제 10년 됐어요. 삼순. 내 이름은 김삼순.

The 10th year anniversary. So, we've had a lot of... um... fans since 2005.
올해가 10주년이더라고요. 2005년부터 팬도 많았고요.

And ❶ **some of my fans were really young,** when we started.
And I have seen them kinda grow up.
그 드라마를 시작했을 때 제 팬 중 일부는 매우 어렸는데, 그분들이 이제 다 자란 거죠.

It's really beautiful.
참 멋져요.

I've had some really amazing experiences with fans.
제 팬들로 인해 정말 멋진 것들을 경험해볼 수 있었죠.

When you become like a **연예인**, or celebrity, ❷ **you can touch people in different ways.**
연예인이 되면 당신은 사람들을 여러 가지 방법으로 감동하게 할 수 있어요.

Uh... it's very special thing.
참 특별한 직업이죠.

I've had some fans, who have been battling illnesses, like cancer... uh...
제 팬 중에는 암과 같은 질병과 싸우고 계신 분들도 계셨는데

that have... uh... done some really amazing things for us.
이 중 저희에게 정말 엄청난 경험을 선사해주신 분들도 계세요.

I've had fans that were really sick and would still come out to see me,
정말로 아프셨는데도 저를 보기 위해 나와주신 분들도 계셨고요,

and they would say things to me, like, you know,
"You make me so happy, just being able to see you".
그리고는 저에게 "다니엘 씨를 볼 수 있다는 것만으로도 정말 행복해요" 같은 말씀을 해주셨죠.

You can't really describe what that makes you feel like, you know,
그때 느끼는 기분은 말로 설명할 수 없어요.

and I've had fans who passed away, who... uh... left us.
투병하시던 분 중 저희 곁을 떠나신 팬들도 계시고요.

It's just, you know, life is... is very special.
그럴 땐 참, 삶이라는 것이 매우 특별한 것 같아요.

And everyone is, we are just humans, and um...
우리 모두 똑같은 사람이잖아요.

so, ❷ **I'm very blessed to have this life to be able to touch people and reach out.**
저는 사람들에게 영향과 도움을 줄 수 있는 이런 삶을 살 수 있어서 정말 축복받았어요.

find out~
~을 알게 되다

❶ I just found out from 김선아 that~
저는 김선아 씨로부터 ~를 알게 되었어요.

취업 합격 전화를 받았을 때

■ 그럼 함께 응용해볼까요?

나는 내가 핸드폰을 잃어버린 것을 알게 되었어요. hint I lost my phone

____

나는 내가 시험에 떨어진 것을 알게 되었어요. hint I failed the test

____

정답 : I found out that I lost my phone.
I found out that I failed the test.

touch
감동하게 하다

❷ You can touch people in different ways.
당신은 사람들을 여러 가지 방법으로 감동하게 할 수 있어요.

친구가 생일 선물을 주었을 때

■ 그럼 함께 응용해볼까요?

그 소설이 나를 감동하게 했어요. hint novel

____

그 음악이 나를 감동하게 했어요. hint music

____

정답 : The novel touched me.
The music touched me.

다니엘 헤니가 알려주는 | Key Expression

제 팬 중 일부는 매우 어렸어요.

❶ Some of my fans were really young.

이 책들 중 일부는 너무 어려워요.

Some of these books are too difficult.

저는 사람들에게 영향과 도움을 줄 수 있는 이런 삶을 살 수 있어서 정말 축복받았어요.

❷ I am very blessed to have this life to be able to touch people and reach out.

저는 사랑스러운 여자친구가 있어서 축복받았어요.

I am blessed to have an adorable girlfriend.

17강

경호원들이
그녀를 데려갔어요.

Interview

Q: Have you had any weird or interesting experiences with your fans that you can share with us?
팬들과 있었던 이상하거나 흥미로운 경험 얘기 좀 해주실 수 있나요?

When I was first doing... um... I was doing this... uh...
제가 처음 시작을 할 때 얘기예요.

and it was my first time doing... uh... **사인회. 팬 사인.**
처음으로 팬 사인회를 하고 있었거든요.

그때 거의 데뷔였어요. It was... I was debuting.
그때 거의 데뷔였어요. 데뷔하던 시기였어요.

So, I was quite famous, right?
그때 제가 어느 정도 유명했었나 봐요?

And so, we were inside of a shopping center. There were probably two or three thousand people?
쇼핑센터 안에 한 2천, 3천 명 정도 모여 있었는데

They drew the line. It was all the way around, right?
스태프가 줄을 세웠죠. 이렇게 주변으로 쭉 말이에요.

And I was sitting at a small **책상**, a desk, signing autographs for them.
저는 조그만 책상에 앉아서 팬분들에게 사인을 해드리고 있었고요.

And my... um... well, my manager was here,
제 매니저도 있었고요,

and then my **대표** for our company, Maria, was there.
Maria라는 분, 저희 대표님도 계셨죠.

And there was a girl about 20 meters away, in front of me.
근데 제 전방 한 20m에 한 여성분이 서 계신 거예요.

I was signing, and I looked up at her "uh, hi, hi.",
전 사인을 하다가 올려다보고는 "어, 안녕하세요"라고 인사를 드렸죠.

and ❶ **she's... a little bit weird**, like there's a little bit... the **느낌** was little bit weird.
그런데 그녀는 조금 이상했어요. 느낌이 좀 이상했어요.

I was like 'Okay, that's interesting, okay'. "Hi, hi, nice to meet you",
'좀 이상한데' 생각하면서도 "안녕하세요, 반갑습니다!" 이렇게 팬들과 인사하고 있었죠.

and the next person would come and **"예, 반갑습니다, 예, 예..."** 'Okay, she's a little bit strange'.
또 다음 분이 오고 "예, 반갑습니다" 이러다가 결국 '진짜 좀 이상하다' 생각이 들더라고요.

❷ **She kept staring at me,**
그녀는 저를 계속 쳐다보았어요.

her eyes were like this, right? I was like, 'uh, oh'.
눈이 막 이랬어요. 그때 저도 '어' 하면서 걱정이 되더라고요.

And so, that went around for an hour... one hour, and finally we're finished,
이렇게 한 한 시간 정도 지나고 드디어 사인회가 끝났는데

and ❶ **she kept acting weird.**
그녀는 계속 이상하게 행동했어요.

And so I told... um... Mark, you, I said, "Be careful, that girl.",
(인터뷰 장소에 있는 매니저에게) 그래서 내가 Mark, 너한테 말해줬지? "저 여자 조심해"

and I think you said, "No, she's fine, nothing."
그런데 내 기억으론 그때 네가 한 말이 "아니야, 이상한 거 하나도 없어"라고 했어.

And... um... so I finished, I got up and said, **"감사합니다, 감사합니다. 예, 고맙습니다",**
결국 저도 끝내고 일어나서 "감사합니다. 예, 고맙습니다" 하면서 인사를 하기 시작했죠.

I got up to leave and everyone was clapping,
이제 저도 가려고 일어나면서 주변 분들도 막 손뼉을 치고 계셨는데

and I got up to leave, and the girl took her shirt and ripped it open.
제가 일어나니까 그 여성분이 입고 있던 셔츠를 이렇게 찢어 헤치면서

Right? And came running over.
막 뛰어오는 거예요.

And there's – **보디가드 있었** – there was a bodyguard,
경호원들이 있었죠.

and she goes, "Roar!" like slow "Roar!"...
그런데 그 여성분은 "우왁!"하고 울부짖으면서

She ripped him out, and she had her shirt open!
경호원들을 뿌리치는 거예요. 그 와중에 셔츠는 완전히 헤쳐져 있었죠.

I was like... I looked up, and it was like slow-motion.
저도 이 장면을 보는 순간 슬로우 모션같이 느껴지더라고요.

"Whoa, whoa." And she was like... coming at me.
"우워어어" 하면서 제 방향으로 오는데

Anyway, she jumped at me, and she grabbed my leg.
제가 있는 쪽으로 뛰어오르더니 제 다리를 잡으시더라고요.

And she was like holding onto it and shaking.
제 다리를 붙잡고 막 떠는 거 있죠.

And then the president of my company was a woman,
그때 저희 대표님이 여성분이셨는데

a really nice lady. Her name was Maria.
정말 친절하신 분이었어요. 성함이 Maria였는데,

And she jumped. She jumped on top of the girl to stop her,
이 여성분을 덮치시더라고요. 이분을 막기 위해 위로 뛰어드셨어요.

and then all the **기자들**, the photographers taking pictures, right?
기자들과 사진사들은 모두 사진을 찍기에 바쁘고요.

Anyway, ❷ **the bodyguards took the girl away**, and we left.
결국 경호원들이 그녀를 데려갔고, 우리도 나왔죠.

And then, the next day, in the newspaper, the **신문**, the page came out,
그리고 이 사건이 다음날 신문에 나왔는데

and it was me going and the girl went like this
사진에 저는 막 이러고 있고 그 여성분은 이러고 있고

and Maria's face like going screaming.
Maria 대표님은 이런 표정으로 소리 지르고 계시고요.

That was a funny episode. That was crazy.
웃긴 에피소드였죠. 정신없었어요.

keep ~ing
계속 ~하다

❶ She **kept acting** weird.
그녀는 계속 이상하게 행동했어요.

룸메이트가 아침에 안 깨워줬다고 화낼 때

■ 그럼 함께 응용해볼까요?

나는 계속 웃었어요. hint laughing

____

나는 내 친구들과 계속 말했어요. hint talking with my friends

____

정답 : I kept laughing.
I kept talking with my friends.

take ~ away

~을 데리고 가다, 가져가다

❷ The bodyguards took the girl away.
경호원들이 그녀를 데려갔어요.

호텔 조식에서 빈 접시를 안 치워줄 때

■ 그럼 함께 응용해볼까요?

쟁반을 가져가 주세요. hint tray

____

아이들을 데려가 주세요. hint children

____

정답 : Please take the tray away.
Please take the children away.

다니엘 헤니가 알려주는 | Key Expression

그녀는 조금 이상했어요.

❶ She was a little bit weird.

저기 있는 사람은 아주 이상해 보여요.

The person over there looks very weird.

그녀는 저를 계속 쳐다보았어요.

❷ She kept staring at me.

저를 그만 쳐다보세요.

Stop staring at me.

He is a celebrity bodyguard.
그는 연예인 경호원이에요.

전직 대통령 경호원 출신인 bodyguard와 세계적인 톱스타 여가수의 이뤄질 수 없는 운명적인 사랑을 그린 로맨스 영화, 'The Bodyguard(1992)'를 아시나요? 영화처럼 실제로 미국 할리우드 스타들은 celebrity bodyguard의 엄격한 경호를 받으며 생활한다고 합니다. 침착성, 힘, 체력, 판단력과 같은 다양한 조건들을 두루 갖춰야 하는 celebrity body-guard는 최고 수준의 군 복무 또는 법 집행 기관에서의 경험이 필수적이라고 하는데요. 근무 장소, 경력, 위험성 정도에 따라 연봉이 $55,000~$180,000의 범위로 다양하다고 해요. 목숨을 걸고 하는 직업이니만큼 그에 맞는 대가가 있어야겠죠?

18강

저는 몇몇 해산물을 조심해야 해요.

Interview

Q: What is the most important factor for you when you are eating?

음식을 먹을 때 가장 중요하게 여기는 요소는 무엇인가요?

Most foods, but um... texture is very important to me.
대부분 가리지 않는데요, 식감이 저에겐 매우 중요해요.

So... for example, certain seafood... um... oysters, clams... um... crab.
예를 들자면, 굴, 조개, 게 같은 몇몇 해산물들이 해당하죠.

I mean, ❶ **it depends on the texture,** I usually like it,
대부분은 좋아하지만, 식감에 달려 있어요.

but it depends on... I get sensitive with that stuff.
식감에 좌우된다는 말이... 제가 그런 거에 민감하거든요.

Um... so yeah, ❷ **certain seafood, I have to be careful with,**
네, 저는 몇몇 해산물을 조심해야 해요.

but... uh... for the most part, I like everything.
하지만 대부분 웬만한 것들은 다 좋아하죠.

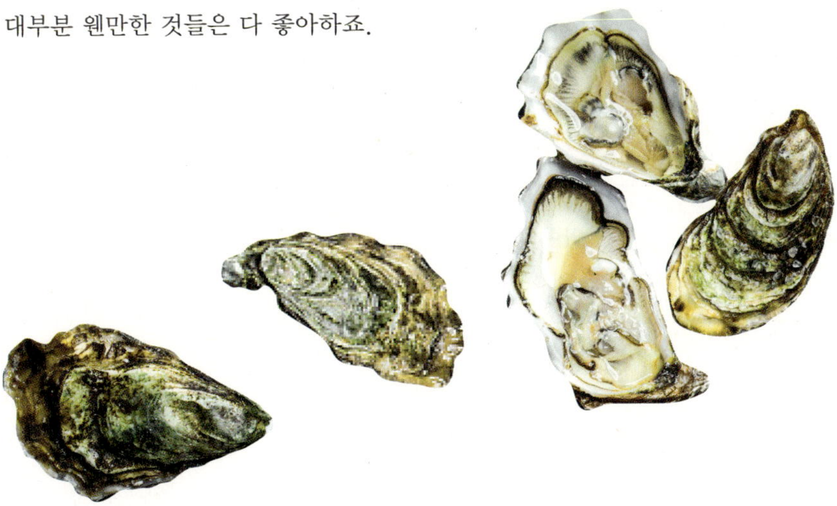

depend on~

~에 의존하다, 달려 있다

❶ It depends on the texture.
식감에 달려 있어요.

친구가 우울해 보일 때

힘든 일 투성이네... ㅠ ㅠ

You can depend on me.

■ 그럼 함께 응용해볼까요?

당신은 당신의 가족에게 의존해도 돼요. hint your family

____

당신은 당신의 멘토에게 의존해도 돼요. hint your mentor

____

정답 : You can depend on your family.
You can depend on your mentor.

be careful with~
~을 조심하다

❷ Certain seafood, I have to be careful with.
저는 몇몇 해산물을 조심해야 해요.

운전 초보인 남동생이 내 차를 빌려 갈 때

■ 그럼 함께 응용해볼까요?

그 아기를 조심해주세요. hint baby

____

당신의 옷을 조심해주세요. hint your clothes

____

정답 : Please be careful with the baby.
Please be careful with your clothes.

미국의 대표 음식

Casserole은 냄비째로 익혀 먹는 요리로 미국의 가정에서 흔히 만들어 먹는 요리입니다. 추수감사절에 빠지지 않는 요리로 여러 종류의 casserole이 있지만, green bean이 가장 인기 있는 메뉴랍니다. 재미있는 것이 뉴욕 타임스가 '추수감사절 식단'이라는 웹사이트를 통해서 상위 30개 메뉴를 뽑았는데 1위와 3위를 모두 차지할 만큼 casserole은 인기 있는 메뉴예요.

Collard Greens는 미국 남부의 흑인 노예들의 소울푸드로 collard greens와 햄, 베이컨 등 돼지고기를 넣고 함께 끓여 먹는 요리입니다. 요즈음에도 남부 지방이나 흑인 가정에서는 명절마다 먹는다고 하는데요, 몸속 콜레스테롤 제거뿐 아니라 비타민K, 비타민C, 루테인 성분이 많이 함유되어 있어 암 예방은 물론 체내 독소 제거까지 해주는 완전 영양 덩어리랍니다.

Biscuit and Gravy는

비스킷에 고기 육즙과 밀가루를 섞어 만든 소스를 곁들여 먹는 것으로 만드는 방법이 매우 쉽기 때문에 미국인들이 처음 정착했을 때부터 만들어 먹던 음식이에요. 간단한 음식인 만큼 지금은 바쁜 아침에 미국인들이 즐기는 매우 인기 있는 메뉴라네요.

Eggnog는

추수감사절부터 새해까지 겨울에 먹는 달걀로 만든 달콤한 칵테일이랍니다.
주로 크리스마스에 빠지지 않는 음료로 워낙 유명하다 보니, 미국에는 전통적인 자기만의 eggnog 레시피를 갖고 있는 집도 많이 있답니다. 술이 들어있지 않은 eggnog도 시중에 팔기 때문에 온 가족이 즐길 수 있다고 하네요.

19강

시각이 저에겐 중요한 감각이에요.

Interview

Q: What are some important senses for you?

어떤 감각을 중요하게 여기나요?

❶ **I think the most important sense is, for me, vision.**
제게 가장 중요한 감각은 시각인 것 같아요.

Vision is the most...
시각이 제일...

I mean, ❷ **to be able to see the world...** um... **is the most important thing for me.**
뭐랄까, 세상을 볼 수 있다는 것이 저에게는 가장 중요해요.

I would be lost if I couldn't see the world.
세상을 볼 수 없다면 전 혼란에 빠질 거예요.

If I couldn't see my friend's faces,
친구들의 얼굴을 볼 수 없다면,

if I couldn't see my family's faces,
가족의 얼굴을 볼 수 없다면,

if I couldn't see my dog,
제 개를 볼 수 없다면,

if I couldn't see colors, or mountains or clouds or the ocean or cars, or...
색깔, 산, 구름, 바다, 자동차, 이런 것들을 볼 수 없다면,

I would be lost.
전 혼란에 빠질 거예요.

I mean, hearing and touching, they're very important, you know.
제 말은 청각이나 촉감도 중요한 것은 사실이죠.

I love music and uh... I'm a very physical person, I love sports,
저는 음악도 좋아해요. 육체적인 사람이라 운동도 좋아하고요.

but ❶ **without vision, I would be extremely lost.**
하지만 시각 없이 저는 완전히 어둠에 빠질 거예요.

So, people, you know, like that are blind,
그래서 아시다시피 앞을 보실 수 없는 분들은

to be able to live their lives the way they do is really amazing.
그러한 환경에서 살아갈 수 있다는 점을 보면 정말 대단하신 분들이에요.

It's incredible... uh... So it's uh... ❷ **they're bigger people than I am, and that's for sure.**
믿기 힘들 정도로요. 그들이 저보다 더 대단하다는 것은 확실해요.

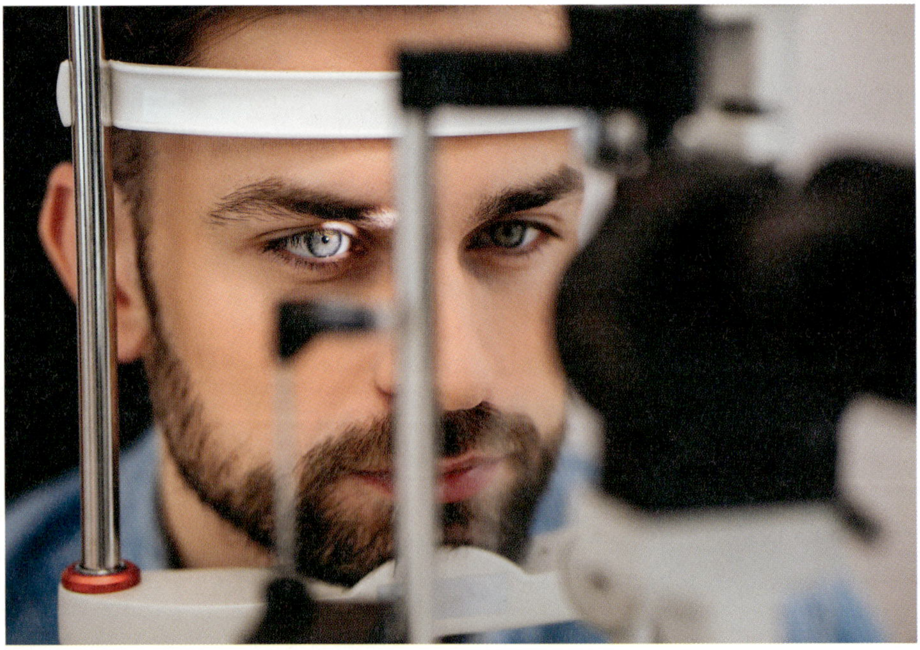

without~
~없이

❶ Without vision, I would be extremely lost.
시각 없이 저는 완전히 어둠에 빠질 거예요.

친구가 어려운 부탁을 들어줘서 고마울 때

■ 그럼 함께 응용해볼까요?

나는 핸드폰 없이 살 수 없어요. hint cell phone

____

나는 커피 없이 살 수 없어요. hint coffee

____

정답 : I can't live without a cell phone.
I can't live without coffee.

for sure
분명히, 확실히

❷ They're bigger people than I am, and that's for sure.
그들이 저보다 더 대단하다는 것은 확실해요.

친구에게 소개팅을 주선할 때

You will like him for sure.

■ 그럼 함께 응용해볼까요?

당신은 분명히 시험에 합격할 거예요. hint pass the test

____

당신은 분명히 취업할 거예요. hint get a job

____

정답 : You will pass the test for sure.
You will get a job for sure.

다니엘 헤니가 알려주는 | Key Expression

제게 가장 중요한 감각은 시각인 것 같아요.

❶ I think **the most important** sense **is**, for me, vision.

가장 중요한 사람은 제 할머니예요.

The most important person **is** my grandma.

세상을 볼 수 있다는 것이 저에게는 가장 중요해요.

❷ To **be able to** see the world is the most important thing for me.

저는 이 셔츠를 살 수 있었어요.

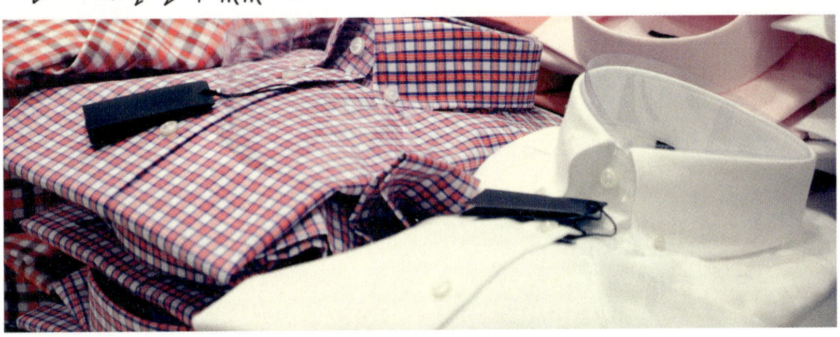

I **was able to** buy this shirt.

20강

밤새 모기를 찾고야 말아요.

Interview

Q: What do you do when there is a mosquito in your room?

방에 모기가 있을 땐 어떻게 하세요?

Oh, **저 모기 진짜 싫어해요.** I hate, I hate mosquitos.
와, 저 모기 진짜 싫어해요. 모기는 정말 증오해요.

The biggest enemy in the world.
이 세상에서 제 가장 큰 적이죠.

When I get a mosquito bite, if I'm sleeping, this is what I do.
제가 자고 있는데 모기한테 물리면 이렇게 해요.

If I, if I'm sleeping and I get a mosquito bite and I miss,
자다가 모기한테 물렸는데 제가 한 번에 못 잡을 땐

I wake up and I turn all the lights on
바로 일어나서 모든 불을 켜죠.

and I do like, you've seen Rambo?
'람보' 보신 적 있으세요? 그거랑 비슷하게 해요.

그 람보 영화 있잖아요. I take a, like a, bandana.
그 람보 영화 있잖아요. '반다나(목이나 머리에 두르는 스카프)'를 갖다가 머리에 이렇게 두르고

❶ I'm searching for the mosquito.
저는 그 모기를 찾아요.

I'm up on the bed, **❶ I will not sleep until I find the mosquito.**
침대 위에 이렇게 서서 저는 모기를 찾을 때까지 잠을 안 자요.

Q: You must have a good sense of hearing.
청각이 민감한가 봐요.

That's a fact, I will not sleep.
사실이에요. 잠을 못 잘 거예요.

❷ I'll stay up like two or three hours searching for the mosquito.
저는 두세 시간 동안 모기를 찾으며 깨어 있을 거예요.

I can't sleep. They are crazy! Mosquitos.
잠을 못 자겠어요. 모기라는 놈들. 미친 것들이죠!

Like, and they know they're playing a game with you, they know it right?
게다가 이놈들은 놀이하는 것임을 알고 있어요. 얘들은 알거든요.

You shut the light on, it's like you can't find it,
불을 켜면 찾을 수가 없어요.

and then you shut the light off, like 20 minutes later...
그런데 또 불을 끄고 한 20분가량 있다 보면

Whine whine, right?
윙윙, 그렇죠?

Oh, **❷ it's the most annoying thing in the world.**
오, 그것은 세상에서 제일 짜증 나는 것이에요.

But I live in Los Angeles now and there are no mosquitos.
하지만 지금은 LA에 살기 때문에 모기가 없죠.

search for~
~을 찾다

❶ I'm searching for the mosquito.
저는 그 모기를 찾아요.

동료가 새로운 카페에 가고 싶다고 할 때

■ 그럼 함께 응용해볼까요?

내가 좋은 레스토랑을 찾아볼게요. hint good restaurants

___

내가 당신의 지갑을 찾아볼게요. hint your wallet

___

정답 : I'll search for good restaurants.
I'll search for your wallet.

stay up
(늦게까지) 깨어 있다

❷ I'll stay up like two or three hours searching for the mosquito.
저는 두세 시간 동안 모기를 찾으며 깨어 있을 거예요.

친구들과의 자리가 재미있어서 집에 가기 싫을 때

■ 그럼 함께 응용해볼까요?

늦게까지 영화 봅시다. hint watching movies

____

늦게까지 게임 합시다. hint playing games

____

정답 : Let's stay up watching movies.
Let's stay up playing games.

다니엘 헤니가 알려주는 | Key Expression

저는 모기를 찾을 때까지 잠을 안 자요.

❶ I will not sleep **until** I find the mosquito.

그들이 도착할 때까지 기다려주세요.

Please wait **until** they arrive.

그것은 세상에서 제일 짜증 나는 것이에요.

❷ It's the most **annoying** thing in the world.

당신은 정말 짜증 나요.

You are really **annoying**.

21강

한국 음식은
반찬들 때문에 특별해요.

Interview

Q: Why do Americans love Korean food?

미국인들이 한국 음식을 좋아하는 이유는 무엇인가요?

You know, it's... it's ❶ **the Korean food is very special to Americans because of the side dishes.**
음, 반찬들 때문에 미국인들에게 있어 한국 음식은 매우 특별해요.

왜, 미국식당 원래 가면 오래 기다려야 돼.

❶ **You have to wait like an hour before your food comes.**
음식이 나오기 전에 한 시간가량 기다려야 해요.

But at the Korean restaurants, **바로 나오잖아요?** Side dishes, right?
하지만 한국 식당에선 바로 나오잖아요? 반찬 말이에요. 그렇죠?

Everything, it's so fun, like "Woah! They give potatoes. ❷ **Oh, look at this! Oh, Kimchi!**"
모든 것이 그저 재미있는 거죠. "와, 감자다. 오, 이거 봐! 김치다!"

It's like so much fun. ❷ **You are not even...** you are not **thinking about being hungry,**
너무 재미있어요. 심지어 배고픈 생각조차도 안 나죠.

because you are having so much fun.
재미있으니까요.

And then, the meat comes out, and so it's an... it's an experience. It's a fun experience.
그리고 고기가 나오죠. 일종의 경험이에요. 재미있는 경험이죠.

So, bravo, Korea. Bravo.
브라보, 한국. 브라보.

Q: What do Americans think about Korean food?
미국인들은 한국 음식을 어떻게 생각하나요?

Even **김치찌개**, right? **김치찌개** is really **맛있어**,
김치찌개도 보세요. 김치찌개 정말 맛있죠.

but sometimes you get like **돼지고기**, or you get like **두부**, and it's little bit strange, right?
그런데 돼지고기가 들어 있을 수도 있고 두부가 있을 수도 있죠.
그게 약간 희한한 거예요.

난 한국 사람이니까 좋아. 좋지. 근데 미국 사람들은, that's little strange to them.
난 한국 사람이니까 좋아. 좋지. 그런데 미국 사람들한테는 그건 좀 낯설죠.

because of~
~때문에

❶ The Korean food is very special to Americans because of the side dishes.
반찬들 때문에 미국인들에게 있어 한국 음식은 매우 특별해요.

남자친구와 싸운 후 속상할 때

■ 그럼 함께 응용해볼까요?

나는 내 성적 때문에 속상해요. hint my grade

____

나는 과도한 업무량 때문에 속상해요. hint heavy workload

____

정답 : I am upset because of my grade.
I am upset because of a heavy workload.

look at~
~을 보다

❷ Oh, look at this! Oh, Kimchi!
오, 이거 봐! 김치다!

친구가 평소와 다른 옷차림으로 나타났을 때

■ 그럼 함께 응용해볼까요?

야경을 봐요! hint night view

____

빛나는 별들을 봐요! hint shining stars

____

정답 : Look at the night view!
Look at the shining stars!

다니엘 헤니가 알려주는 | Key Expression

음식이 나오기 전에 한 시간가량 기다려야 해요.

❶ You have to wait like an hour **before your food comes.**

공부하기 전에 이 영상을 봐야 해요.

You should watch the video **before you study.**

심지어 배고픈 생각조차도 안 나죠.

❷ You are **not even** thinking about being hungry.

저는 심지어 배고프지도 않아요.

I am **not even** hungry.

문화 엿보기 | 디저트

We ordered a slice of apple pie for dessert.

우린 디저트로 애플파이 한 조각을 주문했어.

미국을 상징하는 대표 메뉴 중에 하나로 apple pie를 들 수 있겠죠? 그 유래를 찾아보면 17, 18세기경 영국, 스웨덴, 네덜란드 이민자들에 의해 전해 내려왔다고 하네요. 저렴한 준비 비용 덕분에 허기진 이민자들의 배를 든든하게 채워주는 경제적인 음식으로 오랫동안 사랑받아 왔습니다. apple pie는 사과와 시나몬, 소금, 버터 그리고 설탕을 함께 넣어 만드는데, 조리 시간과 사용하는 사과의 종류에 따라 다양한 식감과 맛을 낼 수 있어서, 현재까지도 미국인들에게 가장 사랑받는 디저트 중의 하나입니다.

22강

비빔밥은
정말 완벽해요.

Interview

Q: Why is 비빔밥 so loved by foreigners?

비빔밥이 외국인들에게 사랑받는 이유는 뭐죠?

맛있으니까.

I... It's good because it's... it's not um... I think aesthetically...
비빔밥이 인기 있는 이유는, 뭐랄까, 미학적으로...

so what aesthetically means is like the look of it...
아, 제가 미학적(aesthetically)이라고 한 것은 외형을 의미한 거예요.

the way it looks... um... is not intimidating.
비빔밥은 외형적으로 낯설지가 않아요.

It looks kind of like pasta, looks kind of like Italian food,
약간 파스타와 비슷하게 생겼기 때문에 이탈리아 음식처럼 보인다고 할 수도 있고요.

❶ **the meat looks like ground beef,** so looks kind of like hamburger.
그 고기는 다진 소고기처럼 보여요. 햄버거와 약간 비슷하죠.

So, a lot of these different elements are very friendly to Americans, right?
그러니까 비빔밥의 여러 요소가 미국인들에겐 매우 친근한 거예요. 그렇겠죠?

Bibimbab is perfect. The texture is perfect, the color is perfect,
비빔밥은 완벽해요. 식감도 완벽하고 색깔도 완벽하고

it's not too spicy, it's not not-spicy, it's perfect. That's why I like it.
너무 맵지도 않으면서 너무 안 맵지도 않고요. 완벽해요. 그래서 전 비빔밥이 좋아요.

Q: What about 갈비 and 불고기?
갈비나 불고기는 어때요?

Um... well, it's delicious. Everybody agrees, it's delicious.
일단 맛있죠. 모두 공감할걸요. 맛있어요.

I think there's... there's a fascination with different preparations of meat.
제 생각엔 사람들이 고기를 다르게 요리하는 법에 매력을 느끼는 것 같아요.

Um... Koreans have a very specific and special way of preparing certain kinds of meat.
한국인들은 특정한 종류의 고기를 준비하는 매우 세부적이고 특별한 방법을 알고 있죠.

So Bulgogi and Kalbee, for example, it's the marination process.
불고기나 갈비를 예로 들자면 고기를 재우는 절차가 있어요.

Marination, or marinate, is the sauce or the way of the food, the meat, is prepared,
재운다는 것은 고기가 준비되는 방식 또는 그 양념을 의미하는데,

or soaked, before it's cooked, right?
요리하기 전에 양념에 담가 두는 거죠. 그렇죠?

So, Koreans have different processes.
한국인들은 한국만의 특별한 절차가 있어요.

Like with Kimchi: it's the fermentation process.
김치를 보세요. 발효 과정이 있죠.

❶ It's how long the Kimchi is either underground or in the stone, the jars, and that creates a different taste.
김치가 얼마나 오랫동안 지하에 또는 장독 안에 있었는지가 맛의 차이를 내죠.

So, ❷ **Koreans have figured that out.** It's science.
한국인들은 그것을 이해했어요. 하나의 과학이죠.

So, in Korea, the meats taste different than they do in the States.
그래서 한국의 고기 요리는 미국의 고기 요리와 맛이 다르죠.

Now, just like in the States,
미국도 똑같아요.

the steaks from the Midwest, Chicago, Michigan, Iowa,
중서부, 시카고, 미시건, 아이오와 등의 스테이크는

taste very different than the steaks from Texas, right?
텍사스 스테이크와는 맛이 매우 달라요.

Texas is more famous for barbecue, like big rib slabs of meat.
텍사스는 바비큐로 더 유명해요. 커다란 고깃덩어리를 요리하죠.

And they do the same thing. They... they'll put their meat in a cooker, or big barbecue for 40 hours sometimes,
똑같이 해요. 그런 고기를 조리기 또는 큰 바비큐에서 익히는데,
어떨 때는 40시간 정도 걸리기도 해요.

and they'll cook it slow, cook it slow, turn it, marinate it, right?
이 고기를 천천히, 아주 천천히 돌리면서 양념을 발라가며 구워요.

And, they've become very famous for that,
그래서 텍사스는 바비큐로 유명해졌어요.

so Americans have a... have sort of an obsession with meat and the different tastes.
미국인들은 고기와 고기에서 나올 수 있는 다양한 맛들에 대한 집착이 있어요.

And ❷ **Bulgogi and Kalbee are so tender and so pleasant, texture-wise,**
그런데 불고기와 갈비는 정말 부드럽고 식감 면에서 좋잖아요.

that it's... it's basically the same thing Americans are used to steak-wise,
미국인들이 스테이크로 인해 익숙해져 있는 식감과 매우 비슷하면서도

but it's a little bit different.
살짝 달라요.

That's why they like it. Because it's not too different, but it's just different enough.
그래서 좋아하는 거죠. 너무 다르지 않으면서도 적당히 이국적이에요.

It's perfect.
완벽하죠.

look like~
~처럼 보이다

❶ The meat looks like ground beef.
그 고기는 다진 소고기처럼 보여요.

친구가 취업 준비를 도와줬을 때

■ 그럼 함께 응용해볼까요?

당신은 강아지처럼 보여요. hint puppy

____

당신은 아기처럼 보여요. hint baby

____

정답 : You look like a puppy.
You look like a baby.

figure ~ out
~을 이해하다

❷ Koreans have figured that out.
한국인들은 그것을 이해했어요.

남자친구가 모든 여자에게 친절하게 대할 때

■ 그럼 함께 응용해볼까요?

나는 답을 이해할 수가 없어요. hint answer

____

나는 문제를 이해할 수가 없어요. hint problem

____

정답 : I can't figure the answer out.
I can't figure the problem out.

다니엘 헤니가 알려주는 | Key Expression

김치가 얼마나 오랫동안 지하에 또는 장독 안에 있었는지가 맛의 차이를 내죠.

❶ It's how long the kimchi is **either** underground **or** in the stone, the jars, that creates a different taste.

저는 치마 또는 청바지를 사고 싶어요.

I want to buy **either** a skirt **or** jeans.

불고기와 갈비는 정말 부드럽고 식감 면에서 좋잖아요.

❷ Bulgogi and kalbee are so tender and so pleasant, texture-**wise**.

건강 면에서 저는 괜찮아요.

Health-**wise**, I'm fine.

23강

저는 좀 old school style이에요.

Interview

Q: What can you tell us about your house style?

다니엘 씨의 집은 어떤 스타일인가요?

I think, you know, from my personal experience,
음, 제 경험상 저는 이렇게 생각해요.

um... your home is a personal extension of yourself.
제집은 저의 일부예요.

So, it has to be about you.
그래서 집도 제가 중심이 돼야 하죠.

So, for me, my personal style is what I call the 'Rustic Modern'.
개인적으로 제가 선호하는 스타일은 '러스틱 모던'이라고 해요.

Rustic is like **시골** style. It's like a country-style.
Rustic은 시골 느낌의 스타일이에요. 시골 스타일 같은 거죠.

Rustic is like wood, steel, rust... um... dark colors, warmth,
Rustic 느낌이 나는 것들은 나무, 철, 녹, 어두운색, 따뜻함,

따뜻한 거, warmth, um... oils, grit... grit is another term for dirt, dirt and grit...
warmth는 따뜻함이란 뜻이죠. 기름, 흙... grit은 흙의 다른 용어예요.

these are dirty... descriptive terms.
좀 지저분하게 들리는 수식어들이죠.

Um... and then, modern is modern.
그리고 모던은 그냥 모던이죠.

Clean lines, minimal, whites/greys... um... linear, you know, the flow of the house is linear.
깔끔한 선, 미니멀리즘, 흰색과 회색의 조합 등 집의 흐름이 직선적이에요.

Um... so, yeah, I like to combine those two.
그래서 이 두 스타일을 융합하는 것을 좋아해요.

So, my style, like my house for example, there's a lot of wood inside,
그래서 이 스타일의 예로 제집을 들 수 있는데요, 안에는 나무의 비중이 커요.

but a lot of furniture is modern.
하지만 대다수 가구는 모던 스타일이죠.

Um... ❶ **the structure itself** the... um... **of the house is very modern,**
집의 구조 자체는 매우 모던해요.

but the exterior is very traditional.
하지만 외형은 매우 전통적이에요.

So, I like to mix and match when it comes to my house.
그래서 집의 스타일에 관해선 좀 섞는 것을 좋아해요.

Um... yeah, that's just my style.
그게 제 스타일이에요.

My house, actually, in Log Angeles, I... I bought a house that was built in 1956.
사실 LA에 있는 제집은 1956년도에 지어진 집을 산 것인데요.

And the lady who lived in the house before me, ❷ **she passed away.**
이전에 사시던 분이 돌아가셨어요.

And she was German.
독일분이었어요.

And so in the house, when I bought it, there were a lot of old German books.
그래서 제가 집을 구매했을 때 오래된 독일어 서적들이 많이 있었어요.

And ❶ **the contractors wanted to throw the books away,**
계약자들은 책들을 버리고 싶어 했어요.

but I told them that I want to keep the books.
하지만 제가 책을 그냥 갖고 싶다고 말했어요.

So I kept all the old books, so I kind of have a fascination with books.
그래서 그 옛날 서적들을 다 갖게 됐죠. 책에 대한 관심이 있거든요.

Q: Then, do you like reading books?

그럼 책 읽는 것도 좋아하세요?

❷ I'm kind of an old school style.

저는 좀 구식 스타일이에요.

I like to feel a book.
책의 촉감을 좋아하고

I like to turn the pages.
책의 장을 넘기는 느낌을 좋아하고

I like to smell a book.
책의 냄새를 좋아해요.

I still like to go to a library sometimes and check out a book.
요즘도 도서관에 가서 책을 대여하는 것을 좋아하죠.

I should read more, but I try to read as much as I can.
더 많이 읽어야 할 것 같은데, 그래도 최대한 많이 읽으려고 노력해요.

throw ~ away
~을 버리다

❶ The contractors wanted to throw the books away.
계약자들은 책들을 버리고 싶어 했어요.

친구가 립스틱을 3년째 쓰고 있을 때

■ 그럼 함께 응용해볼까요?

당신은 그 사진들을 버려야 해요! hint pictures

____

당신은 그 음식을 버려야 해요! hint food

____

정답 : You should throw the pictures away!
You should throw the food away!

old school
구식의

❷ I'm kind of an old school style.
저는 좀 구식 스타일이에요.

친구가 게임 보이를 사용하는 걸 봤을 때

■ 그럼 함께 응용해볼까요?

저 카메라는 구식 스타일이에요. hint that camera

____

당신의 셔츠는 구식 스타일이에요. hint your shirt

____

정답 : That camera is an old school style.
Your shirt is an old school style.

다니엘 헤니가 알려주는 | Key Expression

집의 구조 자체는 매우 모던해요.

❶ The structure **itself** of the house is very modern.

문제는 배터리 그 자체였어요.

The problem was the battery **itself**.

그녀는 돌아가셨어요.

❷ She **passed away**.

그녀의 할머니는 어젯밤에 돌아가셨어요.

Her grandmother **passed away** last night.

Stop being an armchair critic!
앉아서 불평하는 것 좀 그만해!

혹시 여러분의 주변에도 불평하는 것은 좋아하지만 막상 문제를 해결하려는 시도조차 안 하는 사람들이 있나요? 그런 사람들을 영어로는 armchair critic이라고 표현합니다. armchair는 '안락의자'를 의미하고 critic은 '비평가'를 뜻하잖아요. 그래서 이 두 단어를 함께 쓰면 armchair critic 즉, '안락의자에 앉은 비평가'라는 뜻이 되죠. 이는 적극적인 행동이나 실천 없이 불평불만만 늘어놓기 좋아하는 사람을 비유하는 표현입니다. 이런 친구가 주변에 있다면 "Stop being an armchair critic!"이라고 따끔하게 충고해줄 수 있겠죠.

24강

여행 갈 기회처럼
신나는 동기가 필요해요.

Interview

Q: Which do you think is the better way to study a language: travelling abroad or taking classes?
해외여행과 수업을 듣는 것 중 언어를 배우는 방법으로 더 나은 것은 뭐라고 생각하세요?

Travelling abroad.
해외여행이요.

Honestly? Travelling abroad.
제 솔직한 의견이요? 해외여행이에요.

But ❶ **if you don't have the chance to travel abroad,**
하지만 해외여행을 할 기회가 없다면

you can do it in your home country.
나가지 않고도 공부할 수 있죠.

❷ **You can stay in Korea,** you can learn English, but you have to use it.
당신은 한국에 머무를 수 있어요. 한국에서 영어를 배울 수 있죠.
하지만 실제로 사용을 해야 해요.

And you have to be... ❶ **you have to motivate yourself,** you have to get excited yourself.
스스로 동기를 부여해야 하고, 재미있게 만들어야 해요.

You know, because ❷ **nobody's going to do it for you.**
왜냐면 아무도 당신을 위해서 그것을 해주지 않을 거예요.

I mean, yeah, that's an honest answer.
음, 그게 제 솔직한 답변이에요.

Travelling abroad is a better way, but most people don't have that opportunity.
해외여행이 좋지만 그럴 여건이 안 되는 사람들이 많거든요.

have a chance to~
~할 기회가 있다

❶ If you don't have the chance to travel abroad, ~
해외여행을 할 기회가 없다면, ~

선물 받은 한우 세트를 가족들이 다 먹어버렸을 때

■ 그럼 함께 응용해볼까요?

나는 노래 부를 기회가 없었어요. hint sing

____

나는 쉴 기회가 없었어요. hint relax

____

정답 : I didn't have a chance to sing.
I didn't have a chance to relax.

stay in~
~에 머무르다

❷ You can stay in Korea.
당신은 한국에 머무를 수 있어요.

불금을 보내고 다음 날 친구가 뭘 할지 물을 때

■ 그럼 함께 응용해볼까요?

나는 학교에 머무르고 싶어요. hint school

____

나는 파리에 머무르고 싶어요. hint Paris

____

정답 : I want to stay in school.
I want to stay in Paris.

다니엘 헤니가 알려주는 | Key Expression

스스로 동기를 부여해야 해요.

❶ You have to **motivate** yourself.

제 선생님은 제가 공부하도록 동기를 부여했어요.

My teacher **motivated** me to study.

아무도 당신을 위해서 그것을 해주지 않을 거예요.

❷ Nobody **is going to** do it for you.

저는 설거지를 할 거예요.

I **am going to** do the dishes.

25강

스페인어는 영어와 비슷해요.

Interview

Q: Can you speak any other language beside English and Korean?

영어와 한국어 말고 구사할 줄 아는 언어가 있나요?

Uh... I speak... I used to be able to speak Spanish.
음, 스페인어도 할 줄 알았는데

But uh... I forgot a lot of it, so...
많이 잊어버렸어요.

❶ **I can understand Spanish pretty well,** but uh... speaking not so much.
저는 스페인어를 꽤 잘 이해할 수 있어요, 하지만 말은 잘 못 해요.

But ❶ **Spanish is very similar to English,**
그런데 스페인어는 영어와 매우 비슷해요.

so there's a lot of... uh... you know, connected tissue there.
두 언어가 연결되는 부분이 많죠.

Q: Is there any language that you want to learn in the future?
앞으로 배우고 싶은 언어가 있나요?

Korean.
한국어요.

❷ **I still want to learn Korean better.**
저는 계속해서 한국어를 더 배우고 싶어요.

Still want to... always want to improve on Korean.
계속 실력을 향상하고 싶고요.

❷ **At this point,** I... I don't know um... yeah... **I think just Korean.**
지금 이 시점에서는, 뭐랄까, 단지 한국어인 것 같아요.

I think, oh, you know, Chinese... Mandarin,
그리고 또, 음, 중국어요. 표준 중국어.

I'd like to learn the basics... um... because I have to work there sometimes.
기본이라도 배우고 싶어요. 중국에서 가끔 일하거든요.

But I'm still very passionate about Korea and Korean.
하지만 한국과 한국어에 대한 큰 열정이 있어요.

It's my... I'm very proud to be able to understand it.
한국어를 이해할 수 있다는 것만으로도 자랑스러워요.

A is similar to B
A는 B와 비슷하다

❶ Spanish is very similar to English.
스페인어는 영어와 매우 비슷해요.

외국인 동료가 추석이 뭔지 물어볼 때

■ 그럼 함께 응용해볼까요?

이 영화는 당신의 이야기와 비슷해요. hint this movie / your story

____

남색은 파란색과 비슷해요. hint navy / blue

____

정답 : This movie is similar to your story.
Navy is similar to blue.

still
계속해서, 아직도

❷ I **still** want to learn Korean better.
저는 계속해서 한국어를 더 배우고 싶어요.

뷔페에서 식사 중 친구들이 일어나려 할 때

■ 그럼 함께 응용해볼까요?

나는 아직도 추워요. hint cold

____

나는 아직도 긴장돼요. hint nervous

____

정답 : I am still cold.
I am still nervous.

저는 스페인어를 꽤 잘 이해할 수 있어요.
❶ I can understand Spanish **pretty** well.

당신은 수학을 꽤 잘하는군요.

You are **pretty** good at math.

지금 이 시점에서는, 단지 한국어인 것 같아요.
❷ **At this point**, I think just Korean.

지금 이 시점에서는, 저는 당신을 더는 좋아하지 않아요.

At this point, I don't like you anymore.

26강

포기하지
마세요!

Interview

Q: What advice can you give to people who are studying English?

영어를 공부하는 분들에게 해주실 조언이 있나요?

Um... ❶ **don't give up.**
음, 포기하지 마세요.

Don't give up, and have an open mind. Use it, speak it as much as you possibly can,
포기하지 말고 열린 마음가짐을 유지하세요. 영어를 최대한 자주 사용하고 말해보세요.

have fun with it.
그리고 즐기세요.

❷ **I also recommend (you) to watch...** um... **romantic comedies.**
또 저는 로맨틱 코미디를 보는 것을 추천해요.

I recommend (you) to watch TV shows like 'Friends'.
'Friends'같은 시트콤 말이죠.

Watch 'Friends.' Watch romantic comedies. 'Notting Hill'. You know, they're fine.
'Friends'를 보세요. 로맨틱 코미디를 보세요. 'Notting Hill' 이런 거요. 다 괜찮아요.

That's the English you want to learn.
여러분이 배우고 싶어 하는 영어가 바로 그거에요.

But um... you know, when you're... after you're 25, 26 years old,
그런데 나이가 25세, 26세쯤을 넘어서

and you start learning a new language, it's a very difficult thing to do.
새로운 언어를 배우기 시작하면 매우 어려워요.

Um... so... for students now, for you guys, it's important that you... you be vigilant,
그래서 지금 학생인 분들, 여러분, 방심하지 않는 게 중요해요.

and you be... you have resolve, and you stick to it,
마음을 굳게 먹고 끈기 있게 공부하세요.

and try and keep trying because the younger you are the better, but you can do it.
그리고 계속 노력하세요. 더 어릴수록 유리하지만 그래도 할 수 있어요.

give up~
~을 포기하다

❶ Don't give up.
포기하지 마세요.

친구가 자취방 대신 부모님과 살라고 할 때

■ 그럼 함께 응용해볼까요?

나는 희망을 포기하지 않을 거예요. hint hope

나는 내 목표를 포기하지 않을 거예요. hint my goal

정답 : I won't give up hope.
I won't give up my goal.

recommend (you) to~
~하는 것을 추천하다

❷ I recommend (you) to watch romantic comedies.
저는 로맨틱 코미디를 보는 것을 추천해요.

외국인 친구가 서울에서 가 볼 만한 곳을 물어볼 때

■ 그럼 함께 응용해볼까요?

나는 차 마시는 것을 추천해요. hint drink tea

____

나는 아침 먹는 것을 추천해요. hint eat breakfast

____

정답 : I recommend (you) to drink tea.
I recommend (you) to eat breakfast.

미국의 인기 TV프로그램

Modern Family

현재 9번째 시즌까지 나온 일반적인 현대 가족의 일상을 보여주는 시트콤입니다. 모큐멘터리 형식으로 구성되어 있고, 등장인물들이 자주 카메라를 보고 독백을 하는 독특한 방식으로 미국에서도 긍정적인 평가를 받는다고 합니다. 대부분의 촬영지는 LA의 웨스트사이드로, 미국 문화를 이해하기 좋으며 일상에 대한 내용이므로 어려운 단어가 나오지 않아 초보자가 보기에도 좋은 드라마입니다.

The Good Place

현재 2번째 시즌까지 나온 Netflix의 시트콤입니다. 나쁜 짓을 많이 하던 Eleanor가 좋은 사람들만 갈 수 있는 사후세계인 Good Place에 들어가게 되며 벌어지는 해프닝을 그린 TV 시리즈로 기존의 드라마에서는 잘 다루지 않는 독특하고 재미있는 주제입니다. 배우들의 발음이 또똑히 들리는 편이라 영어 듣기 공부에 매우 도움이 되실 겁니다.

Gabriel Iglesias

우리에게는 다소 생소할 수 있지만, 미국에서는 매우 인기 있는 장르 중 하나인 스탠드업 코미디는 코미디언이 주로 웃긴 이야기와 짤막한 농담을 빠른 속도로 말하는 것입니다.

Gabriel Iglesias의 스탠드업 코미디는 다른 스탠드업 코미디보다 발음도 정확하고 선정적인 주제가 아닌 친근한 생활 속 에피소드를 주로 이야기하여 미국 문화에 좀 더 가까이 가실 수 있게 도와드릴 겁니다.

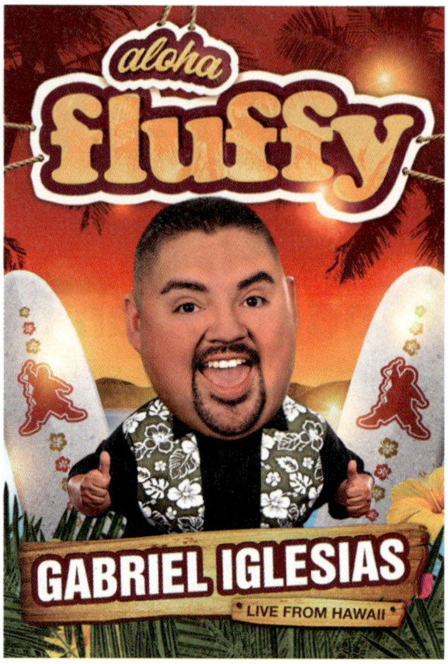

Criminal Minds

2005년 9월 22일부터 미국 CBS를 통해 방영된 미국의 범죄 수사물입니다. 현재 시즌 14가 촬영 중이며 시즌 13부터는 우리의 다니엘 헤니도 출연하며 이목을 집중시키고 있는 장수 프로그램입니다. 연쇄살인범을 잡는 FBI의 프로파일링(심리 분석) 전문팀인 BAU (Behavior Analysis Unit, 행동 분석팀)의 활약을 다룬 내용으로 국내 인기 미드 중 하나입니다. 제작진 중 에드워드 앨런 베네로의 경우 10년 이상 경찰로 재직한 경력이 있으며, FBI 요원으로 활동했던 프로파일러들에게 조언을 받고 있어 이에 따른 긴장감이나 리얼리티는 상당한 수준으로 범죄 드라마 중에는 수위가 상당히 높은 편에 속한다고 하네요.

27강

가장 어려웠던 단어는 스타벅이!

Interview

Q: What are some words that are difficult to pronounce or understand in Korean?

한국말로 발음하거나 알아듣기 힘든 영어 단어는 어떤 것들이 있나요?

The hardest thing for me to do is to pronounce English words in Korean, you know that?
제게 가장 어려운 것은 영어 단어를 한국말로 발음하는 거예요.

I first came to Korea, ❶ **the hardest word for me to understand was 스타벅스.**
처음 한국에 왔을 때 제가 알아듣기 가장 어려웠던 단어가 '스타벅스'였어요.

It's like "What?" "We go **스타벅스.**" "Where?" "Oh, Starbucks!"
"네?" "스타벅스 가자고." "어디요?" "아, Starbucks!"

❷ **I couldn't understand what people were saying,** you know and like,
저는 사람들이 말하는 것을 이해하지 못했어요. 그리고 또 하나.

so, Golden Retriever. I still cannot say the Korean pronunciation.
골든 리트리버요. 아직도 한국말로 발음을 못 하겠어요.

"골든 리, 리트리버" right? **"리트리버."**
"골든 리트리버." 맞죠? "리트리버."

I can't say it because it's English. That's the hardest thing to understand.
못하겠어요. 원래 영어 단어라서요. 알아듣기 가장 힘든 단어예요.

the hardest
가장 어려운, 가장 힘든

❶ **The hardest** word for me to understand was 스타벅스.
제가 알아듣기 가장 어려웠던 단어가 '스타벅스'였어요.

내 꿈을 위해 회사를 그만두려 할 때

* persuade: 설득하다

■ 그럼 함께 응용해볼까요?

가장 힘든 일은 채소를 먹는 거예요. hint eating vegetables

____

가장 힘든 일은 운동하는 거예요. hint working out

____

정답 : The hardest thing is eating vegetables.
The hardest thing is working out.

what + 주어 + 동사
주어가 동사한 것

❷ I couldn't understand what people were saying.
저는 사람들이 말하는 것을 이해하지 못했어요.

여동생이 짝사랑 상대에게 고백할지 물어볼 때

■ 그럼 함께 응용해볼까요?

당신이 좋아하는 것을 주문하세요. hint order / like

____

당신이 필요한 것을 고르세요. hint pick / need

____

정답 : Order what you like.
Pick what you need.

견종들 이름의 유래

Hound는 '사냥하다'를 의미하는 'hunt'에서 이름이 유래해 사냥을 매우 잘하는 개를 의미합니다. 뛰어난 시각과 후각을 바탕으로 들짐승을 직접 쫓거나 사냥감을 가져오는 역할을 한다고 해요. 특히 Hound는 총에 맞아 피를 흘리며 도망가는 사냥감의 냄새를 맡으며 추적해 나가는데 탁월하다고 하네요. 그래서 동사로 'hound ~ down'은 '~를 집요하게 추적하다'를 의미하기도 합니다.

Pointer는 사냥개의 일종으로 사냥감의 냄새를 맡아 사냥감의 위치를 고개로 알려주는(point) 역할을 하는 개를 의미합니다. Pointer라는 이름은 새 냄새를 맡았을 때 한 발을 들고, 꼬리를 뒤로 곧게 뻗은 채 머리를 새가 있는 방향을 향하고 가만히 서 있는 데서 유래했답니다. 특징으로는 귀가 처져 있고, 털이 짧으며, 다리가 길고 날쌥니다. 냄새 감각이 예민하여 사냥에 적합하고 집도 잘 지킨다고 하네요.

Shepherd는 양들을 맹수의 위협으로부터 목자(shepherd)처럼 지켜주던 개라고 해서 shepherd라는 이름으로 불렸다고 해요. Shepherd는 후각 · 청각이 예민하고 동작이 민첩하여 군용견 · 반려견 등으로 많이 기르고 있죠. 제1차 세계대전이 일어날 때부터 이미 독일 전역에서 인기가 높았고, 당시 군용견으로 훈련을 받아 크게 활약했었다고 합니다. 영리하고 붙임성이 있으며 책임감이 강하고, 상황 대처에 용감하며 경계심이 강하다고 하네요.

Terrier는 농장을 망치는 두더지들의 땅굴로 들어가 사냥을 하던 개입니다. 그래서 라틴어로 땅을 의미하던 terra가 이름에 들어갔다고 해요. 오소리, 족제비 등 땅속에 사는 짐승을 사냥하기 위해 개량된 품종으로 길짐승 사냥개인 수렵견, 날짐승 사냥개인 조렵견과 함께 사냥개의 큰 세 갈래를 담당하는 견종입니다. 체격은 작지만 용감하고 체력이 우수하며, 매우 활발한 성격이고, 여우, 쥐, 오소리, 수달 등을 사냥한다고 합니다.

28강

'말도 안 돼'를 영어로는?

Interview

Q: Are there any Korean words that you can't express in English?

영어로 표현할 수 없는 한국어 단어는 어떤 것들이 있나요?

❶ **There are a lot of things** in Korean that don't exist in English.
영어에 존재하지 않는 한국어 단어는 많은 것들이 있어요.

You know, it's funny. Like for example, like **'정(情)'** does not exist.
생각해보면 꽤 재미있어요. 예를 들면 '정(情)'은 영어에 없죠.

I don't know how to explain that, like **'말도 안 돼'**.
영어로 설명을 못 하겠어요. '말도 안 돼' 같은 거요.

❷ **I don't know how to say '말도 안 돼' in English.**
저는 '말도 안 돼'를 영어로 어떻게 말해야 하는지 모르겠어요.

"아~ 말도 안 돼"

Like you should say, like... doesn't make sense? I don't even know.
이걸 어떻게 말해야 하냐면... "doesn't make sense?" 아, 모르겠어요.

Or like **'얄미워'**. I don't know how to say **'얄미워'** in English.
또 '얄미워'도 있죠. '얄미워'를 어떻게 영어로 표현할 수 있는지 모르겠어요.

❶ **(It) Doesn't make sense.**
그것은 말도 안 되죠.

So when you're learning a language you have to understand that
그래서 언어를 배울 땐 이것을 명심해야 해요.

sometimes it's just... it's not there.
가끔 몇몇 단어는 그냥 존재하지를 않아요.

You have to learn the **느낌** first.
언어의 느낌을 제일 먼저 배워야 해요.

So the... **제일 중요한 건 느낌이죠.**
그래서 제일 중요한 건 느낌이죠.

You learn that first, and then you learn.
그것을 먼저 배우고 그다음에 학습하는 거예요.

❷ It takes a while.
시간이 좀 걸리죠.

a lot of
많은

❶ There are a lot of things.
많은 것들이 있어요.

약속에 늦을 것 같을 때

■ 그럼 함께 응용해볼까요?

사람들이 많아요. hint people

____

쓰레기가 많아요. hint trash

____

정답 : There are a lot of people.
There is a lot of trash.

how to~
어떻게 ~하는지

❷ I don't know how to say '말도 안 돼' in English.
저는 '말도 안 돼'를 영어로 어떻게 말해야 하는지 모르겠어요.

친구 생일 파티를 위해 파스타를 만들자고 할 때

■ 그럼 함께 응용해볼까요?

나는 Excel을 어떻게 사용하는지 몰라요. hint use Excel

____

나는 바이올린을 어떻게 연주하는지 몰라요. hint play the violin

____

정답 : I don't know how to use Excel.
I don't know how to play the violin.

다니엘 헤니가 알려주는 | Key Expression

그것은 말도 안 되죠.

❶ (It) Doesn't **make sense.**

이 이야기는 말도 안 돼요.

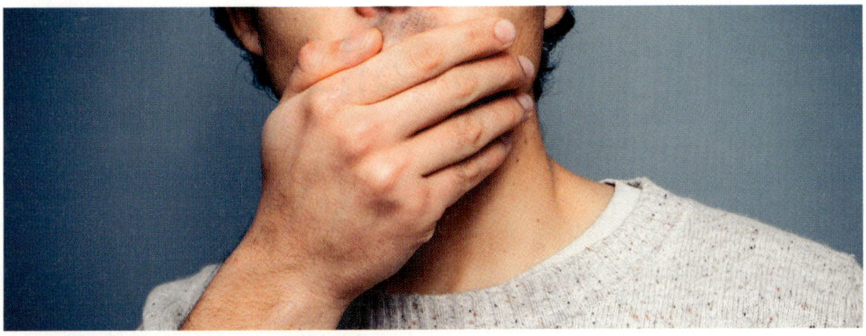

This story doesn't **make sense.**

시간이 좀 걸리죠.

❷ It **takes a while.**

회의는 시간이 좀 걸릴 거예요.

The meeting will **take a while.**

29강

어머니와
통화하는 척을 해요.

Interview

Q: What do you think is the most important factor when learning a new language?
새로운 언어를 배울 때 가장 중요한 점은 무엇이라고 생각하세요?

❶ The most important thing to... **to learn a language in a short period of time is using it.**
짧은 기간에 언어를 배울 때 가장 중요한 것은 실제로 사용을 하는 거예요.

Period.
그게 다예요.

You have to be vigilant. Vigilant means **열심히.**
방심하지 말고 집중해야 해요. 열심히 하라는 뜻이죠.

열심히 해야 돼. 열심히 공부하고 you have to study it every night,
열심히 해야 해. 매일 밤 열심히 공부하고요.

and then you have to go out and use it.
그리고는 실제로 나가서 사용해야 해요.

You know, for me, like I... I live in Los Angeles.
아시다시피, 저는 LA에 살잖아요.

So... **❷ I don't always have people to speak Korean with.**
그래서... 저는 한국어로 같이 말할 사람이 항상 있지는 않아요.

So when I'm alone at my house, I speak Korean to myself every day.
그래서 집에 혼자 있을 때도 스스로와 한국어로 매일 대화를 해요.

I walk around my house, and I talk to myself,
그냥 집 안을 돌아다니면서 나 자신에게 말하는 거죠.

I describe everything in my house in Korean.
집에 있는 것들을 한국어로 설명해요.

I describe the grass, I describe the weather, ❶ **I pretend I'm talking to my mom,**
저는 잔디도 설명하고 날씨도 설명하고 어머니와 통화하는 척을 해요.

and I tell her what I did yesterday, in Korean.
어머니에게 어제 뭘 했는지 한국어로 설명도 해보고요.

It's all here, I have to use it, and you do it loud.
여기가 제일 중요해요. 실제로 사용하고 큰 소리로 해 봐야 해요.

❷ **You speak over and over** and over and over.
거듭해서 말을 하세요.

That's the most important thing.
그게 가장 중요해요.

And maybe you have a friend that's an English speaker.
영어를 할 줄 아는 친구가 있는 분도 계시죠.

Talk to them on the phone, call them. You have to use it.
전화로 대화하세요. 계속 사용해야 해요.

It's amazing how fast you can learn a language if you use it.
계속 사용하다 보면 얼마나 빨리 언어를 배울 수 있는지 놀라실 거예요.

pretend~
~인 척하다

❶ I pretend I'm talking to my mom.
저는 어머니와 통화하는 척을 해요.

친구가 호객하는 사람들이 귀찮다고 할 때

■ 그럼 함께 응용해볼까요?

그냥 자는 척하세요. hint you are sleeping

그냥 음식을 다 먹은 척하세요. hint you finished your food

정답 : Just pretend you are sleeping.
Just pretend you finished your food.

over and over
거듭해서

❷ You speak over and over.
거듭해서 말을 하세요.

군대에 간 남자친구가 어떻게 지내냐고 물었을 때

■ 그럼 함께 응용해볼까요?

나는 당신에게 거듭해서 전화했어요. hint I called you

나는 그 노래를 거듭해서 들었어요. hint I listened to that song

정답 : I called you over and over.
I listened to that song over and over.

짧은 기간에 언어를 배울 때 가장 중요한 것은 실제로 사용을 하는 거예요.

❶ The most important thing to learn a language in a short period of time is using it.

저는 짧은 기간 동안 수영을 배웠어요.

I learned swimming for a short period of time.

저는 한국어로 같이 말할 사람이 항상 있지는 않아요.

❷ I don't always have people to speak Korean with.

저는 커피를 같이 마실 사람이 없어요.

I don't have people to drink coffee with.

30강

제가 끊임없이 하는 것들이 있어요.

Interview

Q: What part of yourself do you want to improve?

자신의 어떤 부분을 개선하고 싶으세요?

Self-development... I mean, ❶ **I have a lot of things that I continuously try to do.**
자기계발이라... 제가 지속해서 시도하는 것들은 여러 가지가 있어요.

Um... of course, with... you know, professionally acting-wise,
직업적인 면에서, 즉 배우로서,

um... I'm always trying to find new projects... um... reading books.
전 항상 새 프로젝트를 찾거나 책을 읽어요.

Maybe 'we can make this into a movie', maybe 'this could be a good TV show.'
'이건 영화로 만들 수도 있겠다' 또는 '이건 TV 시리즈로 만들면 괜찮겠다' 이런 고민이죠.

That's very important for me.
그런 게 저에겐 중요해요.

It's important for me to improve as a businessman, as a professional, to improve... um...
제가 비즈니스맨으로서, 프로로서 발전하는 것은 중요하죠.

but ❶ **to be honest with you, it's always about the language thing with me.**
그런데 솔직히 말하자면, 저에겐 항상 언어가 중요해요.

It's always about Korean.
항상 제 마음엔 한국어가 있죠.

Um... ❷ **I feel bad sometimes** because my Korean isn't good.
제 한국어 실력이 별로라서 저는 가끔 속상해요.

I feel bad sometimes. I think it should be better.
지금쯤이면 더 잘해야 하지 않나 하면서 속상해요.

Um... it's up and down.
한국어 실력이 왔다 갔다 해요.

Language is very difficult, and you have to have confidence,
언어라는 것은 어려워요. 자신감을 가지고

and you have to keep trying and keep trying. It's not easy.
계속 노력하고 또 노력해야 해요. 쉽지 않죠.

Um... but it's um... it's a wonderful challenge.
하지만 멋진 도전인 것 같아요.

So, for me, my goal is still to speak really good Korean,
그래서 제 목표는 한국말을 엄청나게 잘하는 거예요.

and I will... I will, but I'm almost there, but you know.
꼭 달성할 거예요. 목표에 가까워진 것 같지만 그래도 아직이죠.

It's... ❷ **it takes one day at a time, one step at a time.**
그것은 한 번에 하루씩, 한 단계씩 걸려요.

continuously
지속해서

❶ I have a lot of things that I continuously try to do.
제가 지속해서 시도하는 것들은 여러 가지가 있어요.

친구가 해외로 워킹홀리데이를 갈 때

■ 그럼 함께 응용해볼까요?

당신은 피아노를 지속해서 쳐야 해요. hint play the piano

____

당신은 요가를 지속해서 해야 해요. hint do yoga

____

정답 : You should continuously play the piano.
You should continuously do yoga.

feel bad
유감이다, 속상하다

❷ I feel bad sometimes.
저는 가끔 속상해요.

친구가 아파서 집들이에 못 온다고 할 때

■ 그럼 함께 응용해볼까요?

당신이 시험에 떨어졌다니 유감이에요. hint you failed the test

____

당신이 빨리 가야 한다니 유감이에요. hint you have to leave early

____

정답 : I feel bad that you failed the test.
I feel bad that you have to leave early.

다니엘 헤니가 알려주는 | Key Expression

솔직히 말하자면, 저에겐 항상 언어가 중요해요.

❶ **To be honest with you**, it's always about the language thing with me.

솔직히 말하자면, 저는 한 번도 대학에 다닌 적이 없어요.

To be honest with you, I never went to college.

그것은 한 번에 하루씩, 한 단계씩 걸려요.

❷ It **takes one day** at a time, **one step** at a time.

발표는 두 시간이 걸렸어요.

The presentation **took two hours.**

문화 엿보기 | 격언

Heaven help those who help themselves.

하늘은 스스로 돕는 자를 돕는다.

많은 사람이 성공을 꿈꾸고, 다양한 방법을 통해 끊임없이 자기계발을 하죠. 이러한 자기계발의 중요성을 이르는 다양한 속담이 있는데, 그중 대표적인 예가 'Heaven help those who help themselves'입니다. 우리나라에서 쓰는 '하늘은 스스로 돕는 자를 돕는다.'와 같은 의미겠네요. 여기서 help themselves는 '시키지 않아도 알아서 남을 돕는다'라는 의미가 아니라 '자기 스스로 무언가를 위해 노력한다'의 의미로 '항상 노력하는 사람을 하늘도 도와준다'라는 의미입니다. 사실, 이 격언은 성경을 인용한 것이라고 하는데, 미국은 세계에서 기독교 인구가 가장 많은 나라인 만큼 격언 또한 성경을 통해 많이 파생되었다고 하네요.

31강

영어 발음으로 기억했어요.

Interview

Q: Have you ever experienced any difficulty because of language barrier?

언어장벽 때문에 어려움을 겪은 적이 있나요?

I mean there's... there are always difficulties because of language barrier.
언어장벽으로 인해 겪는 어려움은 항상 있죠.

That's you know... of course.
아시다시피 당연한 거예요.

If we can't understand each other, it's uh... one of the most difficult things to...
서로 이해를 할 수 없을 때 가장 어려운 것 중 하나는

to try to navigate your way through.
길을 찾는 것이죠.

Um... ❶ **for me, obviously, with Korean was the biggest language barrier.**
제게는 당연히 한국어가 가장 큰 언어장벽이었어요.

Um... when I first came to Korea, I couldn't understand anything.
처음 한국에 왔을 땐 아무것도 알아듣지 못했어요.

Um... I couldn't understand any of the...
아무것도 이해 못 하고

I couldn't say anything.
말도 전혀 못 했죠.

When I was trying to learn how to say **"안녕하세요"**,
"안녕하세요"를 말하는 법을 처음 배울 때

❶ I had to learn "안녕하세요" by remembering "own your house, 세요"
저는 "안녕하세요"를 "own your house, 세요"를 기억함으로써 배워야 했어요.

Like, "own your, own **집**, house" "**세요**".
"own your house" 그리고 "세요"이렇게요.

❷ That's how I learned "안녕하세요" because I couldn't understand.
그렇게 저는 "안녕하세요"를 배웠어요. 일단 이해를 못 했으니까요.

So... when I was doing **삼순**, **'내 이름은 김삼순'**, my first drama.
제 첫 드라마인 '내 이름은 김삼순'을 찍을 때도

I couldn't understand the other actors,
다른 배우분들이 하는 말을 이해를 못 했어요.

I couldn't read the script, I couldn't understand the **감독님**.
대본을 읽을 수도 없었고 감독님 하시는 말씀도 이해를 못 했고요.

Um... it was a very, very difficult time for me.
저에게 참 어려운 시기였어요.

And my life was changing a lot, so I was uh... scared, you know.
당시 제 삶에 큰 변화를 겪던 중이라 두려운 것도 있었거든요.

And um... of course being on a TV show is scary, too, because
그리고 TV프로에 나오는 것도 당연히 무서웠죠. 왜냐하면

your... every week **❷ your face is all over the country,** different TVs and it's a lot of pressure.
매주 다양한 TV에 당신의 얼굴이 전국에 있으니까요. 압박감이 상당해요.

So, you know, that was a motivation for me to learn more Korean,
한국어를 배울 동기를 준 것은 바로 그거였어요.

to try and uh... it was not easy and it's still not easy.
노력하도록 동기를 주었지만 쉽지 않았고 지금도 여전히 쉽지는 않아요.

by ~ing
~함으로써

❶ I had to learn "안녕하세요" by remembering "own your house, 세요"
저는 "안녕하세요"를 "own your house, 세요"를 기억함으로써 배워야 했어요.

불면증이 있는 친구가 걱정할 때

■ 그럼 함께 응용해볼까요?

나는 운동함으로써 더 건강해졌어요.

hint became healthier
working out

___

나는 온라인에서 쇼핑함으로써 돈을 절약했어요.

hint saved money
shopping online

___

정답 : I became healthier by working out.
I saved money by shopping online.

all over~
~전체에

❷ Your face is all over the country.
당신의 얼굴이 전국에 있어요.

내 방을 셀프 인테리어 했을 때

■ 그럼 함께 응용해볼까요?

나는 전 세계를 여행했어요. hint traveled / world

____

나는 테이블 전체에 우유를 쏟았어요. hint spilled the milk / table

____

정답 : I traveled all over the world.
I spilled the milk all over the table.

다니엘 헤니가 알려주는 | Key Expression

제게는 당연히 한국어가 가장 큰 언어장벽이었어요.

❶ For me, **obviously**, with Korean was the biggest language barrier.

당연히 그것은 실수였어요.

Obviously, it was a mistake.

그렇게 저는 "안녕하세요"를 배웠어요.

❷ **That's how** I learned "안녕하세요".

그렇게 저는 한국으로 왔어요.

That's how I came to Korea.

문화 엿보기 | 인터넷 약어

I need your answer ASAP.
가능한 한 빨리 당신의 답변이 필요해요.

SNS가 활발히 이용되지 않던 시절에는 핸드폰 문자를 보낼 때 글자 수에 제한이 있었죠? 그러다 보니 이 시기에 문장이나 문구를 줄여서 말하는 약어들이 많이 생겨났는데, 이는 현재도 자주 사용된다고 해요. 예를 들어, FYI는 'For Your Information'의 약자로 무언가를 '참고하라'고 말할 때 사용하는 표현이고, ASAP는 'As Soon As Possible'의 약자로 '최대한 빨리'라는 뜻을 가지고 있죠. 이와 같은 표현들은 비즈니스에서도 많이 쓰이지만, 일상생활에서도 자주 사용되니 알아 두면 의사소통에 큰 도움이 될 것 같네요.

32강

편의점에 가는 것도 긴장했어요.

Interview

Q: What has changed for you since you learned some Korean?

한국어를 배운 이후로 무엇이 달라졌나요?

Um... honestly, everything has changed because of the language.
솔직히 언어로 인해 모든 것이 바뀌었어요.

Um... ❶ **not that I'm great at Korean, but I'm good enough now** to... put it this way.
음, 제가 한국어를 매우 잘하는 것은 아니지만 이제는 어느 정도 괜찮아요.
아니, 표현을 좀 바꿀게요.

❶ **The door has opened up into a new world for me when I started speaking Korean more.**
제가 한국어를 더 말하기 시작하면서 새로운 세상으로 통하는 문이 열렸어요.

Um... and that's what I hope that the students and all these...
제가 바라는 것은, 영어를 공부하는 모든 학생과

people who are experiencing this website will get from that.
이 웹사이트를 통해 영어를 공부하시는 분들이 그런 경험을 할 수 있게 되는 거예요.

Because... you know... I lived in a place of fear for a long time in Korea,
왜냐하면 전 한국에서 지내면서 오랫동안 두려움 속에 살았어요.

and that's not my personality.
그런데 저는 원래 그런 성격이 아니거든요.

That's not who I am.
그건 제가 아니죠.

Because I didn't want to go out,
그런데도 밖에 나가고 싶지가 않았어요.

❷ I was nervous about going to a 편의점.

저는 편의점에 가는 것에 긴장했어요.

I was nervous about going to uh... you know... to a **식당** and just ordering food.
식당에 가거나 음식을 주문할 때에도 긴장을 많이 했죠.

그냥 만약에... if I was hungry at night time in Korea... and then like...
그냥 만약에 한국에서 제가 밤에 배가 고파져서

I wanted to... **뭐 피자 시킬라고...** I wanted to get a pizza and
피자가 먹고 싶어서 뭐 피자 시키려고 하면

I was so nervous to call for a pizza,
그 통화를 하는 것도 긴장했어요.

and that I wouldn't eat.
그래서 그냥 안 먹었었죠.

You know, I'd like... I'd wanted to drive my car somewhere and I'd think
또 제가 어딘가로 운전을 할 때는 이런 생각을 했어요.

I had to remember like... um... to take the perfect amount of change... money.
가격에 맞는 정확한 액수의 잔돈을 가지고 갈 것을 기억해야 한다는 생각이요.

Because if I didn't have the perfect amount, ❷ **the 아저씨** at the... to let me into the place I want **would have to ask me a bunch of questions,**
왜냐하면 제가 딱 정확한 액수를 가져가지 않으면 계산대에 있는 그 아저씨가 제게 많은 질문을 하시겠죠.

and all I wanted to do was to give him the perfect amount and go.
전 그냥 정확한 액수를 드리고 바로 나오길 원했죠.

To come from a place like that... and to now... I start conversations with people.
그랬던 제가 이제는 사람들에게 말을 먼저 걸 수 있을 정도로 발전을 했어요.

You know, I ask them... I make jokes with people, it's a different world.
질문도 하고 농담도 하고요. 아예 다른 세상이 됐어요.

start ~ing
~을 하기 시작하다

❶ The door has opened up into a new world for me when I started speaking Korean more.
제가 한국어를 더 말하기 시작하면서 새로운 세상으로 통하는 문이 열렸어요.

녹차 다이어트를 할 때

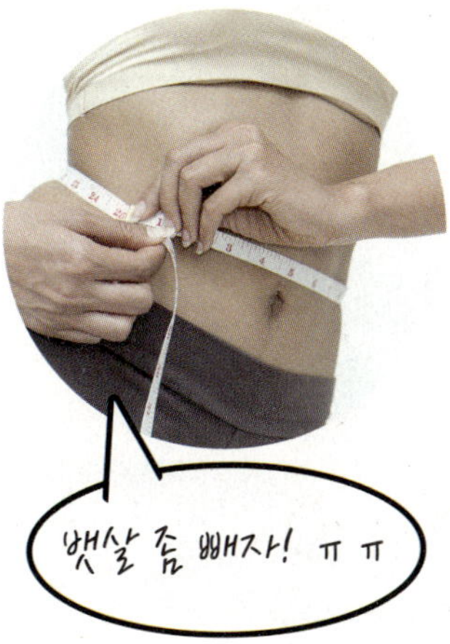

■ 그럼 함께 응용해볼까요?

나는 기타를 배우기 시작했어요. hint learning the guitar

____

나는 사진을 찍기 시작했어요. hint taking photos

____

정답 : I started learning the guitar.
I started taking photos.

be nervous about~
~에 긴장하다

❷ I was nervous about going to a 편의점.
저는 편의점에 가는 것에 긴장했어요.

연애 경험이 없는 친구에게 조언할 때

■ 그럼 함께 응용해볼까요?

면접에 긴장하지 마세요. hint job interviews

____

외국 가는 것에 긴장하지 마세요. hint going abroad

____

정답 : Don't be nervous about job interviews.
Don't be nervous about going abroad.

제가 한국어를 매우 잘하는 것은 아니지만
이제는 어느 정도 괜찮아요.

❶ **Not that** I'm great at Korean, but I'm good enough now.

당신을 안 좋아하는 것은 아니지만 당신을 친구로서 좋아해요.

Not that I don't like you, but I like you as a friend.

그 아저씨가 제게 많은 질문을 하시겠죠.

❷ The 아저씨 would have to ask me **a bunch of** questions.

지하철에 많은 사람들이 있어요.

There are **a bunch of** people in the subway.

문화 엿보기 | 편의시설

The nearest gas station is a mile away.

가장 가까운 주유소는 1마일 거리에 있어요.

한국은 운전하다가 연료가 떨어지면 주유소에 가서 oil(기름)을 넣어야 한다고 말하지만, 미국에서는 gas(연료)가 필요하다고 말하기 때문에 주유소 또한 gas station이라고 부릅니다. 미국의 gas station은 주유소인 동시에 한국의 편의점과 같은 역할도 해요. 이는 미국의 땅이 워낙 넓어서 한국처럼 건물들이 밀집되어 있는 곳이 많지 않아 대도시가 아닌 이상 편의점이 따로 있기보다는, 주유소에서 간단한 간식거리와 생필품들을 살 수 있게 했답니다.

33강

자신 있게 해 보는 게 중요해요.

Interview

Q: What is the most important thing when speaking English in the States?
미국에서 영어를 사용할 때 가장 중요한 것은 무엇인가요?

The most... here's the thing... in the States, cultures are always different, you know.
가장 중요한 것, 일단 아시다시피 미국은 문화 자체가 달라요.

And I think ❶ **it's important for people to be sensitive to that.**
그래서 사람들이 그것에 민감하게 반응하는 것이 중요하다고 생각해요.

So like... um... "please" and "thank you" and "hello", "nice to meet you."
그래서 예를 들어, "please(부탁해요)", "thank you(고마워요)", "hello(안녕하세요)", "nice to meet you(만나서 반가워요)"

These are very important.
이런 표현들이 매우 중요하죠.

Kindness, being kind and nice, **착해** is more important than anything when you travel.
친절함도 중요해요, 외국을 여행할 때 착하게 행동하는 것이 다른 그 무엇보다 중요해요.

So, try not to be afraid when you travel.
여행할 때 겁을 먹지 마세요.

Sometimes my team, my hairstylist, makeup artist, these people I travel with,
가끔 제 팀, 헤어 디자이너나 메이크업 아티스트 등 저와 같이 출장을 가는 분들이 있는데,

they're wonderful people, Korean.
이분들은 한국 분들이에요. 좋은 사람들이죠.

❷ I see their personalities change because they're scared.
저는 그들이 겁을 먹어서 성격이 변하는 것을 목격해요.

And the States are a different countries.
미국이 다른 나라잖아요.

And I tell them "hey, just... **❶ just say hello, just see what happens.**"
전 "그냥 인사라도 해보고 어떻게 되는지 한번 봐요."라고 말하죠.

And I make them go like a **어떤 카페에서.**
그리고 어떤 카페로 데려가서

And I put my friend up in front and I say, **❷ "Go ahead.** Order coffee. Try it."
"해 보세요. 가서 커피 하나 시켜 봐요. 시도라도 해 봐요"라고 부추기죠.

And they get confidence, so it's about trying things.
그리고 그분들은 그것으로 자신감을 얻어요. 결국 시도해보는 것이 중요하죠.

So when you travel, try not to be scared, just try stuff, you know?
그래서 여행을 할 땐 겁을 먹지 마시고 그냥 시도해 보세요.

American people love it when you speak English.
미국인들도 외국에서 온 사람들이 영어를 사용하면 매우 좋아해요.

When you try it, they know you can't speak perfect and it's okay,
그들은 당신의 영어가 완벽하지 않을 수 있다는 것을 알아요. 그래서 괜찮아요.

you know when there are American people here or, well, you know **외국 사람들**
한국에 미국 사람들이 오거나 다른 외국 사람들이 왔을 때

and they speak Korean, Korean people love that.
한국말을 사용하면 한국인들도 좋아하잖아요.

They're trying, it's part of life.
시도하니까요. 시도라는 것은 삶의 일부예요.

be sensitive to~
~에 민감하다

❶ It's important for people to be sensitive to that.
사람들이 그것에 민감하게 반응하는 것이 중요해요.

유제품을 먹을 때마다 배탈이 날 때

■ 그럼 함께 응용해볼까요?

나는 온도에 민감해요. **hint** temperature

____

나는 카페인에 민감해요. **hint** caffeine

____

정답 : I am sensitive to temperature.
I am sensitive to caffeine.

be scared (of~)

(~에) 겁을 먹다, 무서워하다

❷ I see their personalities change because they're scared.
저는 그들이 겁을 먹어서 성격이 변하는 것을 목격해요.

친구가 놀이공원에 가자고 할 때

■ 그럼 함께 응용해볼까요?

나는 어둠을 무서워해요. hint darkness

____

나는 벌레를 무서워해요. hint bugs

____

정답 : I am scared of darkness.
I am scared of bugs.

다니엘 헤니가 알려주는 | Key Expression

그냥 인사라도 해보고 어떻게 되는지 한번 봐요.

❶ Just say hello, just **see what happens.**

당신의 방식대로 하고 어떻게 되는지 한번 봐요.

Do it your way and **see what happens.**

해 보세요.

❷ **Go ahead.**

그녀의 번호를 물어보세요.

Go ahead and ask her number.

34강

항상
친절해야 해요.

Interview

Q: How do you overcome conflicts between you and others?

다른 사람들과 마찰이 생겼을 때 어떻게 해결하세요?

The most important thing to do in life is to remain kind.
삶에서 중요한 것은 친절하게 행동하는 거예요.

❶ **The most important thing is to always remain kind**
가장 중요한 것은 항상 계속 친절해야 하는 거예요.

and also, it's also very important to listen to other people.
다른 사람들의 말에 귀를 기울이는 것도 매우 중요하고요.

Um, ❶ **when people feel like they're not being listened to,** they... **they shut off.**
사람들은 남이 자신의 말을 듣고 있지 않은 것 같이 느끼면 마음을 닫아버려요.

So when you're having conflicts with people,
그래서 다른 사람들과 마찰이 있을 때,

whether it's professionally or it's socially, it's within the family...
그게 직업상의 마찰이든 사회적인 마찰이든 가족 간의 마찰이든 상관없이

❷ **The reason that fights escalate is because people don't feel like they're being listened to** or understood.
싸움이 커지는 이유는 사람들이 자신의 말을 듣고 있거나 이해하고 있지 않다는 느낌을 받아서예요.

So, you know, I just... ❷ **I always try to** listen and try not to judge and um... and then **be clear about my opinions.**
그래서 전 항상 남의 말을 들으려고 노력하고 남을 판단하지 않도록 주의하고, 제 의견을 분명히 하려고 노력해요.

That's all I can really do.
제가 실제로 할 수 있는 것은 그 정도예요.

remain~
계속 ~이다

❶ The most important thing is to always remain kind.
가장 중요한 것은 항상 계속 친절해야 하는 거예요.

영화관에서 아르바이트를 할 때

■ 그럼 함께 응용해볼까요?

계속 서 계세요. hint standing

계속 조용히 해 주세요. hint silent

정답 : Please remain standing.
Please remain silent.

be clear about~
~를 분명히 하다

❷ I always try to be clear about my opinions.
저는 항상 제 의견을 분명히 하려고 노력해요.

친구의 연애상담을 해줄 때

*attitude: 태도

■ 그럼 함께 응용해볼까요?

당신은 이 문제를 분명히 해야 해요. hint this problem

당신은 당신의 상황을 분명히 해야 해요. hint your situation

정답 : You should be clear about this problem.
You should be clear about your situation.

다니엘 헤니가 알려주는 | Key Expression

사람들은 남이 자신의 말을 듣고 있지 않은 것 같이 느끼면 마음을 닫아버려요.

❶ When people **feel like** they're not being listened to, they shut off.

하늘을 날고 있는 것 같이 느껴져요.

I **feel like** I'm flying in the sky.

싸움이 커지는 이유는 사람들이 자신의 말을 듣고 있지 않다는 느낌을 받아서예요.

❷ **The reason that** fights escalate is because people don't feel like they're being listened to.

제가 영어를 공부하는 이유는 여행을 좋아하기 때문이에요.

The reason that I study English is because I like travelling.

You and your brother are like two peas in a pod.

너와 네 동생은 정말 똑같이 생겼구나.

강낭콩 주머니를 열어보면 콩깍지 안에 있는 똑 닮은 콩들을 볼 수 있죠? 이런 모습에 비유해서 판에 박은 듯이 닮은 가족이나 친구 관계에 있는 두 사람을 two peas in a pod와 같이 닮았다는 표현을 합니다. 한국말로 '붕어빵같이 닮았다'는 말을 하듯이 영어로는 '콩깍지 콩들처럼 닮았다'는 말을 하는 것이지요. 그래서 친구가 친구의 형과 모습이 닮았을 때, "You and your brother are like two peas in a pod."라고 말할 수 있습니다.

35강

여름엔 다양한 활동에 참여할 수 있어요.

Interview

Q: Do you prefer summer or winter?

여름과 겨울 중 어느 계절을 선호하세요?

I think the summer is easier for all of us.
우리 모두에겐 여름이 더 편하다고 생각해요.

❶ You know what I mean?
제 말이 무슨 뜻인지 아시겠죠?

You can actually get out and do things.
밖에 나가서 이것저것 할 수 있잖아요.

❶ You can be a little more active and participate in life.
좀 더 활발해질 수 있고 삶에 참여할 수 있어요.

It's hard when **❷ you're just stuck inside your house** and it's freezing.
얼어 죽을 것 같은 날에 단지 집 안에 갇혀있을 때 힘들잖아요.

Even in Korea, it's very cold here in the winter time.
한국에서도 겨울은 매우 춥잖아요.

It's hard to do things.
뭘 하기가 힘들어요.

You know? It's **힘들어.**
그렇죠? 힘들어요.

❷ You have to put the coat on, your car is cold, your house is cold.
코트를 입어야 해요. 자동차도 춥고 집도 춥고 말이에요.

It's just difficult.
그냥 어려워요.

So I think summer is better.
그래서 제 생각엔 여름이 나아요.

participate in~
~에 참여하다

❶ You can be a little more active and participate in life.
좀 더 활발해질 수 있고 삶에 참여할 수 있어요.

동생이 타지에서 시작하는 대학 생활에 걱정이 많을 때

■ 그럼 함께 응용해볼까요?

봉사 활동에 참여하는 게 어때요? hint volunteering activities

____

축제에 참여하는 게 어때요? hint festival

____

정답 : Why don't you participate in volunteering activities?
Why don't you participate in the festival?

be stuck
(불쾌한 상황, 장소에) 갇히다

❷ You're just stuck inside your house.
단지 집 안에 갇혀있죠.

회의 중 전화가 왔을 때

■ 그럼 함께 응용해볼까요?

나는 교통체증에 갇혀있어요. hint traffic

____

나는 과거에 갇혀있어요. hint past

____

정답 : I am stuck in traffic.
I am stuck in the past.

제 말이 무슨 뜻인지 아시겠죠?

❶ You know what I mean?

당신은 여기 계시면 안 돼요. 제 말이 무슨 뜻인지 아시겠죠?

You shouldn't be here, you know what I mean?

코트를 입어야 해요.

❷ You have to put the coat on.

양말을 신어야 해요.

You have to put your socks on.

문화 엿보기 | 약속

Can we take a rain check on this?

우리 이 약속 다음으로 미뤄도 될까?

미국에서는 야구 경기 시즌에 직접 경기장에 찾아가서 경기를 관람하고자 하는 사람들이 매우 많아요. 과거에는 비가 와서 경기가 취소됐을 때, 표를 이미 구매한 사람에게 다음 경기에 무료로 올 수 있도록 rain check이라고 불리는 일종의 교환권을 나눠줬다고 해요. 여기에서 유래하여 take a rain check이라는 표현이 '약속을 다음으로 미루다'는 뜻으로 사용되기 시작했다고 하네요. 그래서 부득이하게 친구와의 약속을 미뤄야 할 때, "Can we take a rain check on this?"라고 말하며 양해를 구할 수 있겠죠?

36강

무엇을 배울 때는
즐겨야 해요.

Interview

Q: If you could have any super power, what could it be?

초능력을 얻을 수 있다면 어떤 것을 원하세요?

Super hero **같은 영화 했잖아요.** So interview **할 때 항상 나한테 물어보는 것이,**
슈퍼 히어로물 영화 있잖아요. 인터뷰하면 저한테 항상 물어보는 것이

they ask me like, **만약에** "If you could be a super hero, what power would you want?"
만약 슈퍼 히어로가 될 수 있다면 어떤 초능력을 원하는지예요.

And I, I always say ❶ **my power would be to speak every language** fluently.
그러면 전 항상 제 능력은 모든 언어를 유창하게 구사하는 것일 거라고 말해요.

That would be the most beautiful thing.
그게 제일 멋있을 것 같아요.

To have a machine here and you speak English into the machine
여기에 장치가 있으면 이 장치에 영어로 말을 하는 거예요.

and ❶ **it would come out in any language that you wanted,**
그러면 그것이 당신이 원하는 어떤 언어로든 나오는 거죠.

like Swahili, or French or Japanese, or anything.
스와힐리어, 불어, 일어 등과 같이 말이죠.

That would be the most beautiful thing.
진짜 제일 멋있을 것 같아요.

Language is so powerful, and language is not about the words, it's about the **느낌.**
언어란 것은 매우 강력해요. 그리고 그 언어에서 가장 중요한 것은 단어가 아니라 느낌이죠.

So ❷ **it's important** to not only learn the words, but **to have fun when you're learning it,**
그래서 단어만 배우는 것이 중요한 게 아니라 그것을 배울 때 즐기는 것이 중요해요.

and to... and ❷ **watch the way it's spoken.**
그리고 그것이 말해지는 방식을 보세요.

would~

~일 것이다

❶ My power would be to speak every language.
제 능력은 모든 언어를 구사하는 것일 거예요.

소개팅 후 상대와 문자를 주고받을 때

■ 그럼 함께 응용해볼까요?

잠을 잔다면 좋을 거예요. hint get some sleep

새 옷을 산다면 좋을 거예요. hint buy new clothes

정답 : It would be nice to get some sleep.
It would be nice to buy new clothes.

have fun
즐기다

❷ It's important to **have fun** when you're learning it.
그것을 배울 때 즐기는 것이 중요해요.

면접에서 취미를 말할 때

■ 그럼 함께 응용해볼까요?

나는 아이들을 가르치는 것을 즐겨요. hint teaching kids

____

나는 음악 듣는 것을 즐겨요. hint listening to music

____

정답 : I have fun teaching kids.
I have fun listening to music.

다니엘 헤니가 알려주는 | Key Expression

그것이 당신이 원하는 어떤 언어로든 나오는 거죠.

❶ It would come out in any language that you wanted.

당신이 좋아하는 어떤 색이든 골라보세요.

Pick any color you like.

그것이 말해지는 방식을 보세요.

❷ Watch the way it's spoken.

아이들이 노는 것을 보세요.

Watch the kids play.

37강

가끔은 저도
스트레스를 받아요.

Interview

Q: When do you usually get stressed out?

어떨 때 스트레스를 받나요?

Usually I just... ❶ **whenever I get too stressed out,**
보통 제가 스트레스를 많이 받을 때마다,

❶ **it's because I'm getting too far away from myself.**
이유는 저 자신과 너무 멀어지기 때문이에요.

My goals, my visions, who I am, um...
제 목표라든지, 꿈이라든지, 자아라든지 말이죠.

❷ **getting too wrapped up in the world, you know.**
세상일에 너무 빠지게 되는 거죠.

'Oh, I need to get this movie, if I don't get it what happens then?
❷ **My life is over**'. 'Oh, I have to do this drama, oh, we have to...' you know?
'이 역을 꼭 받아야 하는데, 이 역을 못 받으면 난 어쩌지? 내 삶은 끝이야.'
'이 드라마는 꼭 출연해야 해. 아, 이거 꼭 해야 해.' 이런 생각이 들 때요.

You should just bet on yourself, bet on yourself.
그냥 자신을 믿어보세요. 자신에게 내기를 걸어보는 거예요.

You'll make it far.
그럼 잘될 거예요.

Q: How do you relieve your stress?
스트레스 해소는 어떻게 하나요?

Yeah, I just um...
네, 전 말이죠,

I mean, obviously there are methods.
뭐 당연히 여러 방법이 있겠죠.

Like, for me I always... working out, these types of things.
저는 항상 운동 같은 것으로 스트레스를 풀죠.

Playing guitar, I do that to help relieve stress.
기타를 연주하기도 해요. 스트레스 해소에 도움이 되더라고요.

stressed out
스트레스를 받는

❶ Whenever I get too stressed out, ~
제가 스트레스를 많이 받을 때마다, ~

중요한 프로젝트로 계속 야근할 때

■ 그럼 함께 응용해볼까요?

나는 많은 일 때문에 스트레스를 받아요. hint a lot of work

___

나는 그 시험 때문에 스트레스를 받아요. hint exam

___

정답 : I am stressed out because of a lot of work.
I am stressed out because of the exam.

be over
끝나다

❷ My life is over.
내 삶은 끝이야.

여행이 끝나 아쉬울 때

■ 그럼 함께 응용해볼까요?

관계가 끝났어요. hint relationship

____

발표가 끝났어요. hint presentation

____

정답 : The relationship is over.
The presentation is over.

다니엘 헤니가 알려주는 | Key Expression

이유는 저 자신과 너무 멀어지기 때문이에요.

❶ It's because I'm getting too far away from myself.

저는 바닷가에서 멀리 떨어져 살아요.

I live far away from the beach.

세상일에 너무 빠지게 되는 거죠.

❷ (I'm) getting too wrapped up in the world, you know.

제 동생은 공부에 빠졌어요.

My brother is wrapped up in studying.

First you'll need a fishing license!
우선, 낚시 허가증이 필요할 거예요!

미국인들이 즐기는 스트레스 해소법 중의 하나는 낚시입니다. 한 통계에 따르면 2017년 한 해 동안 미국인 중 약 5천만 명 가까이가 낚시를 즐겼다고 해요. 이처럼 낚시는 미국에서 많은 사람이 즐겨 하는 야외 여가 활동 중의 하나인데요, 한국과 다르게 미국에서 낚시하려면 꼭 필요한 것이 있어요. 그것은 바로 낚시 허가증, 즉 fishing license입니다. Fishing license는 특정 기간 정해진 지역에서만 낚시를 허용하는 유료 허가증이라고 해요. 낚시할 수 있는 물고기의 수나 크기에도 제한이 있고, 이를 어길 시 큰 벌금을 내야 할 수 있다고 하니 미국에 가셔서 낚시하실 생각이 있으시면 반드시 이 허가증부터 받으셔야 겠네요.

38강

제 고향 미시간은
자동차로 유명해요.

Interview

Q: Tell us about the place where you grew up in.

다니엘 씨가 자란 고향에 대해 얘기해 주세요.

❶ I grew up in Michigan.
전 미시간주에서 자랐어요.

And Michigan is um...
미시간은, 음...

❷ most people think Michigan is very boring.
대부분 사람이 미시간은 아주 재미없다고 생각해요.

Very industrial.
매우 산업적인 곳이라고 생각하고요.

Because **❶ Michigan is famous for** you know, like **the 자동차,**
like the factories, right?
왜냐하면 미시간은 공장들이나 자동차로 유명해요, 아시죠?

So people think that Michigan is very industrial and...
그래서 사람들은 미시간이 매우 산업적인 곳이라고 생각하는데

but Michigan is also a very beautiful state.
미시간은 매우 아름다운 주이기도 해요.

It's famous because of the big, **❷ they call it the Great Lakes.**
아주 커서 유명한... 그들은 그것을 오대호라고 불러요.

Uh... they look just like the **바다**, like the ocean, you can't see across, huge.
바다와 똑같이 생겼어요. 반대편이 안 보일 정도로 거대해요.

And you can surf, you can wind sail, all these things at the Great lakes.
이 호수에서 서핑도 할 수 있고 배를 띄울 수도 있어요.

be famous for~

~으로 유명하다

❶ Michigan is famous for the 자동차.
미시간은 자동차로 유명해요.

회식 장소를 추천할 때

■ 그럼 함께 응용해볼까요?

한국은 건강한 음식으로 유명해요. hint South Korea / healthy food

____

내 사촌은 바이올린 연주로 유명해요. hint my cousin / playing the violin

____

정답 : South Korea is famous for healthy food.
My cousin is famous for playing the violin.

call A B
A를 B라고 부르다

❷ They **call it the Great Lakes**.
그들은 그것을 오대호라고 불러요.

외국인 직원에게 영어 이름을 알려줄 때

■ 그럼 함께 응용해볼까요?

그를 영웅이라고 불러도 돼요. hint him / hero

____

내 개를 아가라고 불러도 돼요. hint my dog / baby

____

정답 : You can call him hero.
You can call my dog baby.

전 미시간주에서 자랐어요.

❶ I grew up in Michigan.

전 시골에서 자랐어요.

I grew up in countryside.

대부분 사람이 미시간은 아주 재미없다고 생각해요.

❷ Most people think Michigan is very boring.

이 강의는 아주 재미없어요.

This lecture is very boring.

39강

자기 자신을
믿으세요.

Interview

Q: What traits do you think are essential for a good personality?

좋은 사람에게 필요한 자질은 무엇이라고 생각하세요?

Compassion, empathy and integrity.
연민, 공감, 그리고 진실성이요.

Um... integrity um... when it comes to sticking to your beliefs, your morals, and your principles,
음, 진실성은, 자신의 믿음, 도덕, 신념에 충실한 것을 의미해요.

don't change. Um... ❶ **believe in yourself,** um, that's very important.
변하지 마세요. 자신을 믿으세요. 그게 매우 중요해요.

Empathy, Um... trying to understand others and their problems,
공감은요, 다른 사람들과 그들이 가진 문제를 이해하려고 노력하는 것이에요.

feeling for them, putting yourself in their shoes.
다른 사람들의 감정을 헤아리고 그들의 처지에서 생각을 해보는 것이죠.

Um... and compassion, sort of covering all bases,
그리고 연민은, 어떻게 보면 모든 것을 포함한다고 할 수 있는데요,

um... feeling sympathy for people and having love for everyone.
사람들의 상황을 동정하고 모두를 사랑하는 거예요.

Q: What kind of person do you think you are?
본인은 어떤 사람이라고 생각하세요?

I'm very stubborn, probably I'm too stubborn but not... nothing out of the ordinary.
전 매우 고집스러워요. 좀 지나칠 수도 있는데 이상할 정도로 고집스러운 건 아니고요.

When it comes to certain things and certain people um...
특정 주제나 특정 인물에 관해서

when I know I'm right about something ❷ **I tend** to... **to try to enforce that point.**
제가 확실히 옳다고 믿는 것이 있으면 저는 그 점을 강요하는 경향이 있어요.

I still listen, I still try to listen and things, but if I know I'm right about something...
듣기도 하죠, 남의 말을 들으려고 노력도 하지만, 제가 확실히 옳다고 믿는다면...

believe in~
~을 믿다

❶ Believe in yourself.
자신을 믿으세요.

사랑을 믿지 않는다는 친구에게 조언할 때

■ 그럼 함께 응용해볼까요?

당신은 정의를 믿어야 해요. hint justice

____

당신은 운명을 믿어야 해요. hint destiny

____

정답 : You should believe in justice.
You should believe in destiny.

tend to~

~하는 경향이 있다

❷ I tend to try to enforce that point.
저는 그 점을 강요하는 경향이 있어요.

월급이 벌써 바닥나 버렸을 때

■ 그럼 함께 응용해볼까요?

나는 쉽게 깜박하는 경향이 있어요. hint forget things easily

____

나는 지나치게 생각하는 경향이 있어요. hint overthink

____

정답 : I tend to forget things easily.
I tend to overthink.

성격을 나타내는 재미있는 표현

Wallflower는 벽에 꽃처럼 붙어있는, 매우 낯을 가리는 수줍은 사람을 의미합니다. 'wall'은 '벽'을, 'flower'은 '꽃'을 의미하는데요, 'wallflower'은 벽에 붙어있는 꽃처럼 부끄럼을 많이 타 모임에서 혼자 벽에만 붙어있는 사람 즉, '낯을 많이 가리는 사람'을 의미한다고 합니다!

Couch Potato는 소파에 앉아 TV를 보며 감자칩만 먹으며 아무것도 하지 않는 게으른 사람이라는 뜻입니다. 'couch'는 '소파'를, 'potato'는 '감자'를 의미하는데요, 감자는 땅에 파묻혀 자라는 뿌리채소잖아요, 그래서 소파에 파묻혀 아무것도 안 하는 사람 즉, '게으른 사람'을 'couch potato'라고 부른답니다.

Busybody는

'말하기 좋아하는 참견쟁이' 정도로 볼 수 있는데요. 한국에서는 남의 일에 참견을 많이 하는 사람을 오지랖이 넓다고 하여 일명 '오지라퍼(오지랖+er)'라고 부르죠. 영어에도 이와 유사한 표현으로 남의 일에 참견하기를 좋아하고 다른 사람들의 말을 옮기기 좋아하는 사람을 busybody라고 합니다. 개인의 사생활을 무척 중요시하는 미국 사회에서 busybody라고 불린다면, 무례함에 대한 경고로 듣고 주의해야겠죠.

Worrywart는

예전 1950년대에 미국 신문에 실렸던 'Out Our Way'라는 만화의 캐릭터 이름이라고 합니다. 그 캐릭터는 너무 쓸데없는 잔걱정이 많았다고 하는데요, 그래서 그 캐릭터의 이름이 현재는 관용표현처럼 '걱정을 사서 하는 사람'을 의미한다고 하네요.

40강

예의를 갖추는 문화가 좋아요.

Interview

Q: What do you like about Korean cultures?

한국 문화의 어떤 점을 좋아하세요?

There's a lot that I like about Korean culture.
제가 좋아하는 한국 문화는 한두 가지가 아니에요.

There's a lot about Korean culture I wish we had in the States more.
한국 문화 중에서 미국에도 있었으면 하는 것들이 많이 있어요.

Um, well, there's a lot about the States that I wish we had here more,
또 미국 문화 중에서 한국에도 좀 있었으면 하는 것도 있고요.

we can learn **서로서로**, both sides.
양쪽이 서로서로 배울 점이 있어요.

Um, the respect is really wonderful here. For, um... the older generations, um...
한국은 예절 문화가 참 아름다워요. 특히 어른들에 대한 존중이요.

❶ **I like the idea of having respect for people** that you don't know, even on the streets.
저는 사람들에게 예의를 갖춰야 한다는 생각이 좋아요. 심지어 길거리에서도요.

You know, having to be respectful for them. Um... it's very important.
그들을 공경하는 문화 말이죠. 참 중요한 것 같아요.

And I think sometimes in the west, in the States, we lose that a little bit.
그리고 제 생각에는 서양, 특히 미국에선 그런 예절이 좀 없는 것 같아요.

Q: Anything else?
또 무엇이 있나요?

Um... ❷ **I like** the sort of, **the ceremony that goes with everything.**
저는 모든 것과 어울리는 의례 행사가 좋아요.

The ceremonial lifestyle here,
여긴 생활방식 자체가 의식 위주예요.

with the drinking, with the eating, everything is a big production.
술 마시는 것부터 식사하는 것까지 전부 하나의 프로덕션 같다고 할까요?

I love that. You know like, on, like Chu-seok, right?
예를 들면 추석이 정말 좋아요.

❶ **It's such a huge deal** like from wearing the Han-bok,
그것은 정말 엄청난 일이에요. 한복을 입는 것부터

to getting with the family, to the **떡**,
가족들과 만나는 것에서 심지어는 떡까지 말이에요.

to ❷ **everything is a part of it, right?**
모든 것들이 그것의 일부죠.

And that's beautiful. We don't do that in the States.
참 아름다워요. 미국에는 그런 게 없어요.

These little things are so important and it makes the family, like, tighter.
이런 작은 것들이 참 중요하기도 하고 가족을 더 가깝게 만들어주기도 해요.

And I love that about Korea, so I like the ceremony.
한국의 그 점이 참 좋아요. 저는 그런 의식을 좋아하거든요.

have respect for~
~에게 예의를 갖추다

❶ I like the idea of having respect for people.
저는 사람들에게 예의를 갖춰야 한다는 생각이 좋아요.

첫 직장에 들어가게 된 남동생에게 조언할 때

*coworker: 동료

■ 그럼 함께 응용해볼까요?

당신은 어르신들에게 예의를 갖춰야 해요. hint elders

____

당신은 당신의 이웃들에게 예의를 갖춰야 해요. hint your neighbors

____

정답 : You should have respect for elders.
You should have respect for your neighbors.

go with~
~와 어울리다

❷ I like the ceremony that goes with everything.
저는 모든 것과 어울리는 의례 행사가 좋아요.

기념일에 여자친구에게 선물할 때

■ 그럼 함께 응용해볼까요?

이 와인은 해산물과 어울려요. hint this wine / seafood

이 셔츠는 아무것에나 어울려요. hint this shirt / anything

정답 : This wine goes with seafood.
This shirt goes with anything.

다니엘 헤니가 알려주는 | Key Expression

그것은 정말 엄청난 일이에요.

❶ It's such **a huge deal.**

당신의 생일파티는 내게 엄청난 일이에요.

Your birthday party is **a huge deal** for me.

모든 것들이 그것의 일부죠.

❷ Everything **is a part of** it.

복사하는 것은 당신 업무의 일부예요.

Making copies **is a part of** your work.

Sneeze into your elbow, not in your hands!

손이 아닌 팔꿈치 안쪽에 재채기해!

혹시 기침할 때 주변 사람들을 의식하시나요? 한국에서도 입을 가리지 않고 기침 또는 재채기를 하는 것은 남에게 피해를 줄 수 있기 때문에 매너가 없는 행동으로 간주하죠. 미국에서는 손으로 입을 가리고 기침하는 것도 완전한 에티켓은 아니라고 합니다.
감기 바이러스가 묻은 손으로 다른 물건들을 만지게 되면 남에게도 감기를 옮길 수 있기 때문이라고 하네요. 그래서 미국에서는 부모가 아이에게 손이 아닌 팔꿈치에 재채기하라고 말하는 모습을 종종 볼 수 있는 거죠.

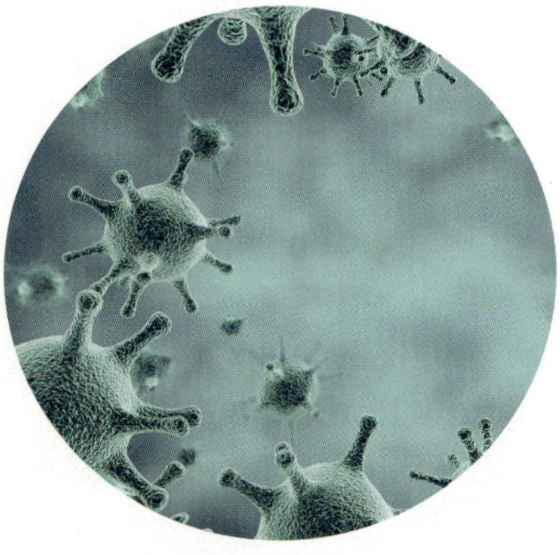

41강

남자들은 결국
많은 돈을 쓰게 돼요.

Interview

Q: How is the Valentine's Day celebration in the States different from the one in Korea?

미국에서의 밸런타인데이는 한국에서의 밸런타인데이와 어떻게 다른가요?

Well, it's different... uh... Valentine's Day in the States
음, 미국에서의 밸런타인데이는 달라요.

because Koreans have Valentine's Day, then they have White Day, right?
한국에는 밸런타인데이가 있고 또 화이트데이가 있잖아요?

So, White Day, I believe, ❶ **I may be wrong.**
화이트데이, 제가 알기론, 제가 틀릴지도 몰라요.

Isn't White Day the day the girl gives chocolate to the guys,
화이트데이가 여자가 남자에게 초콜릿 주는 날이고

and Valentine's Day is... no, no, no, no... other way around, right?
밸런타인데이가... 아, 아니다. 그 반대죠?

So, the Valentine's Day the girl gives the chocolate to the guys,
밸런타인데이에 여자가 남자에게 초콜릿을 주고

White Day the guy gives the chocolate to the girls.
화이트데이에 남자가 여자에게 초콜릿을 주죠.

Well, a Valentine's Day in the States, it's just one day.
미국에선 밸런타인데이 딱 하나예요.

And so, it's, they both give chocolate, they both give the thing on Valentine's Day.
그래서 남녀 모두 밸런타인데이에 서로에게 초콜릿이나 다른 선물을 주죠.

It's a very expensive holiday for men, you know.
아시겠지만 남자들에겐 특히 지출이 큰 날이에요.

❷ **We end up spending a lot** on restaurants and the weekend vacations,
우리는 결국 많은 돈을 쓰게 돼요. 레스토랑이나 주말여행에서

or whatever it is to... you know, you... it's nice.
다른 것도 있죠. 뭐... 좋긴 해요.

You show how much you love someone.
상대방을 얼마나 사랑하는지 보여줄 수 있으니까요.

But um... ❶ **it gets (a) bit out of hand in the States**
그런데 미국에서는 이것은 좀 통제할 수 없어요.

with the... the advertisements and the hype and things, you know.
광고라든지 밸런타인데이에 대한 들뜬 분위기라든지 그런 거요.

It's... at the end of the day, ❷ **it's about showing someone you love them, which you should do on more consistent basis than just one day.**
이 하루는 누군가에게 당신이 그를 사랑한다는 것을 보여주는 게 중요한데,
하루만 하는 것보단 더 꾸준히 해야 해요.

may~
~일지도 모른다

❶ I **may** be wrong.
제가 틀릴지도 몰라요.

동호회에서 이상형을 마주쳤을 때

■ 그럼 함께 응용해볼까요?

나는 그곳에 갈지도 몰라요. hint go there

____

당신의 동료가 똑똑할지도 몰라요. hint be smart

____

정답 : I may go there.
Your coworker may be smart.

end up ~ing
결국 ~하게 되다

❷ We end up spending a lot.
우리는 결국 많은 돈을 쓰게 돼요.

여자친구 성화에 차를 구매하게 되었을 때

■ 그럼 함께 응용해볼까요?

나는 결국 피자를 주문하게 되었어요. hint ordering pizza

____

나는 결국 집에 가게 되었어요. hint going home

____

정답 : I ended up ordering pizza.
I ended up going home.

미국에서는 이것은 좀 통제할 수 없어요.
❶ It gets (a) bit out of hand in the States.

그의 거짓말들은 통제할 수 없게 되었어요.

His lies got out of hand.

누군가에게 당신이 그를 사랑한다는 것을 보여주는 게 중요한데, 하루만 하는 것보단 더 꾸준히 해야 해요.
❷ It's about showing someone you love them, which you should do on more consistent basis than just one day.

저는 꾸준히 운동하려고 노력해요.

I try to exercise on a consistent basis.

42강

어버이날은
훨씬 더 특별한 날이에요.

Interview

Q: Are there any celebrations in the States that are similar to Parent's Day in Korea?

한국의 어버이날과 비슷한 날이 미국에도 있나요?

There's Father's Day, we have Mother's Day. ❶ **We have,** um... **Grandparent's Day, I believe.**
아버지의 날이 있고 어머니의 날이 있고, 제가 아는 바로는 조부모의 날도 있어요.

Um... honestly, for me,
그런데 솔직히 저에게는

like ❶ **Father's Day and Mother's Day are much more special than all the other holidays,**
아버지의 날과 어머니의 날이 다른 모든 공휴일보다 훨씬 더 특별해요.

because it's the day to celebrate the person that gave you life, you know.
왜냐하면 저에게 생명을 주신 분들을 기념하는 날들이잖아요.

Um... so, like last year, for Mother's Day,
작년 어머니의 날에는

I bought my parents um... a weekend vacation at a beautiful hotel in Michigan,
미시간에 있는 근사한 호텔에서의 주말 휴가를 선물해드렸어요.

and... it was a special hotel, you know,
특별한 호텔이었거든요.

they got to have the whole experience of riding in a horse and carriage,
마차를 타는 경험도 전부 해보셨고요.

and um... staying in a really nice room, having champagne, and having dinners together.
고급 객실에서 샴페인도 마시고 두 분이 저녁 식사도 같이하셨어요.

I don't know... I think that's the beautiful purpose behind the holidays,
제 생각엔 이런 날들이 존재하는 목적이 참 아름다워요.

celebrating your mother and father more so than some of the holidays.
다른 공휴일에 비해 어머니와 아버지를 더 중요시하잖아요.

So, it's a couple of my favorites.
그래서 제가 가장 좋아하는 기념일들이에요.

Q: How do Americans spend their Thanksgiving? What are some traditions associated with Thanksgiving?

미국인들은 추수감사절을 어떻게 보내나요? 추수감사절에 관한 전통은 어떤 것들이 있나요?

The traditions in the States, generally, lie more within the foods, alright?
일반적으로 미국에서 이런 전통들은 음식에 중점을 둬요.

So, Thanksgiving is all about the turkey, and the dressings, stuffing, cranberry sauce,
그래서 추수감사절도 칠면조, 드레싱, 스터핑, 크랜베리 소스,

um... potato, squash, muffins. You know, it's just a big feast. It's a lot of food.
감자, 호박, 머핀 등 음식이 제일 중요해요. 거대한 잔치예요. 음식도 엄청 많고요.

The tradition, usually, is, there's a Macy's Day Thanksgiving Parade in New York.
보통 전통이라면 일단 뉴욕에서 하는 Macy's Day 추수감사절 퍼레이드가 있어요.

Uh... you watch that in the morning,
아침에는 그것을 시청하고요,

and ❷ **then you pig out,** which means, you know, it's like a **돼지**, right?
그리고는 (돼지같이) 많이 먹어요. 그게 무슨 뜻이냐면, 돼지 아시죠?

You eat like a **돼지**, that's pig-out.
말 그대로 돼지같이 먹는 거예요.

❷ **You eat so much until you are like tired, and then you take a nap.** You sleep.
지칠 때까지 많이 먹은 다음에는 낮잠을 자요. 그냥 자요.

Then, you wake up and watch football, and then you eat more turkey.
그러고는 일어나서 미식축구 경기를 시청하죠. 그러고는 칠면조를 더 먹어요.

And then you go to bed.
그러고는 자요.

That's the Thanksgiving.
그게 추수감사절이에요.

much 비교급 than A
A보다 훨씬 더 ~한

❶ Father's Day and Mother's Day are much more special than all the other holidays.
아버지의 날과 어머니의 날이 다른 모든 공휴일보다 훨씬 더 특별해요.

더운 여름날 음료수가 미지근할 때

■ 그럼 함께 응용해볼까요?

나는 이것보다 훨씬 더 작은 것을 샀어요. hint bought / smaller

____

나는 이것보다 훨씬 더 무거운 것을 가져갔어요. hint took / heavier

____

정답 : I bought a much smaller one than this.
I took a much heavier one than this.

pig out
(돼지같이) 많이 먹는다

❷ Then you pig out.
그리고는 (돼지같이) 많이 먹어요.

다이어트 중 치킨의 유혹에 넘어갔을 때

■ 그럼 함께 응용해볼까요?

나는 중국 음식을 많이 먹었어요. hint Chinese food

____

나는 케이크를 많이 먹었어요. hint cakes

____

정답 : I pigged out on Chinese food.
I pigged out on cakes.

다니엘 헤니가 알려주는 | Key Expression

제가 아는 바로는 조부모의 날도 있어요.

❶ We have Grandparents' Day, I believe.

제가 아는 바로는 그 배우는 이 영화에 나와요.

That actor is in this movie, I believe.

지칠 때까지 많이 먹은 다음에는 낮잠을 자요.

❷ You eat so much until you are like tired, and then you take a nap.

저는 점심 식사 후에 낮잠을 잤어요.

I took a nap after lunch.

문화 엿보기 | 공휴일

Let's go watch 4th of July fireworks!

우리 7월 4일 불꽃놀이 보러 가자!

미국의 공휴일 중에서 미국 전역이 떠들썩한 분위기가 되는 날이 있습니다. 바로 4th of July인데요, 단어 그대로 해석하면 7월 4일을 뜻하지만, 사실 미국의 독립기념일인 Independence Day를 의미합니다. 이날은 미국의 역사에 깊은 의미를 지니는 날이기도 하지만, 각종 공연과 페스티벌, 바비큐 파티 등 다양한 행사가 열리는 날이기도 해서 거리가 많은 사람으로 북적입니다. 특히 밤이 되면, 미국의 몇몇 주에서는 불꽃놀이가 불법임에도 불구하고 이날 만큼은 합법적으로 불꽃놀이를 할 수 있다고 합니다.

43강

Halloween은 이교도 전통에서 나왔어요.

Interview

Q: Is Halloween considered as a holiday?
How do Americans celebrate Halloween?
핼러윈도 명절인가요? 미국인들은 핼러윈을 어떻게 보내죠?

Halloween is... Yeah, Halloween is considered a holiday.
핼러윈은... 네. 핼러윈도 명절이죠.

I think that ❶ **Halloween is based on a Pagan tradition.**
제가 알기론 핼러윈은 이교도 전통에 기초해요.

Um... ❷ **I'm going to mess this up...**
아, 어쩌면... 저는 이것을 망칠 거예요.

The holiday is rooted in a very evil tradition.
핼러윈은 매우 악한 전통으로부터 나온 명절이에요.

Um... somehow it's kind of manifested itself into a very fun... um... event,
그런데 어쩌다 보니 재미있는 이벤트가 되어 버렸죠.

where you wear costumes and things, and...
코스튬 입는 그런 이벤트요.

You know, it's... it's a lot of fun because ❶ **you get to dress up like your favorite superheroes,**
가장 좋아하는 슈퍼히어로로 변장할 수 있기 때문에 정말 재미있는 날이에요.

or whatever you want to dress up as, go to door-to-door, "trick or treat".
원하는 아무 코스튬(복장)이나 입고 말이죠. 그러고는 집마다 다니면서 "trick or treat"이라고 해요.

You know, when I was a kid, it was a really special holiday,
제가 어렸을 땐 핼러윈이 매우 특별한 명절이었어요.

because I lived in very small town called Carson City, and there were a thousand people.
Carson City라는 작은 동네에 살았는데, 인구가 한 1000명 정도였어요.

So, you would dress up and, you know, I would...
그래서 의상을 입고는

❷ **I think I dressed up as the Incredible Hulk** or Spider Man, you know,
아, 저는 헐크나 스파이더맨으로 변장했던 것 같아요.

and then you go out with your friends, door-to-door.
그러고는 친구들과 나가서 집마다 방문했죠.

Door-to-door means house-to-house.
'Door-to-door'이라는 표현이 '집마다'라는 뜻이에요.

So, in Halloween, we would go door-to-door, and you knock on the door,
그렇게 핼러윈엔 집마다 다니면서 문을 두드리죠.

and you say, um... "trick or treat".
그리고는 "trick or treat"이라고 말해요.

And, that means, uh... you know, "Do you have candy?"
이게 "사탕 있어요?"와 같은 뜻이죠.

And then the person will give you candy from the house,
그러면 집주인이 나와서 사탕을 주죠.

and you go to the next house.
그리고 다음 집으로 향하고요.

But in the small towns, you know, the people who were at the houses,
그런데 작은 동네이다 보니 집에서 기다리는 사람 중

they... they liked to have fun with the kids.
아이들에게 장난을 치는 것을 좋아하는 분들도 있었어요.

So there were some people who had houses, like they are really scary houses,
어떤 분들은 집을 엄청 무섭게 장식해 놓으셨는데요,

and the people would dress up like monsters,
본인들도 괴물처럼 의상을 입으셨죠.

like vampires and uh... you know, like goblins or ghosts,
흡혈귀, 괴물, 유령 같은 그런 의상이요.

and they would dress up and open the door really slow...
그렇게 의상을 차려입고는 문도 엄청 천천히 열어요.

And some people would have their entire **마당**, or their yard decorated like a cemetery.
어떤 분들은 마당을 묘지처럼 꾸미기도 했고요.

But it was fun, you know, they have like scary music playing and...
그런데 재미있었어요, 음악도 무섭게 틀어놓기도 하고요.

When you are a kid, when you are a little kid, you get so... so excited
어린아이였을 땐 너무 신이 나죠.

and you are so scared to walk up. Then you hear the music, and say "wooo".
그런데 집에 접근하기가 너무 무서운 거예요. 음악도 들리고 "우우"하는 소리도 들리고요.

So, it was so much fun, and uh... I was lucky...
너무 재미있었어요. 저는 운도 좋았죠.

so the contest during the Halloween is 'who gets the most candy'.
이게 무슨 뜻이냐면, 핼러윈엔 '누가 사탕을 가장 많이 받는가'로 경쟁을 해요.

So, that's the fun part. You try to get a lot of candy.
그것도 재미있죠. 사탕을 많이 받으려고 노력하는 거요.

Q: Any special Halloween memories?
특히 기억에 남는 핼러윈 추억이 있나요?

And, uh... my mom, she was uh... on a bowling team back when I was a kid.
제가 어렸을 때 제 어머니가 볼링팀에 계셨어요.

She was, like, a really good bowler.
볼링을 엄청나게 잘하셨어요.

And the bowling alley, the **볼링장**, was connected to a bar, right?
그리고 이 볼링장이 바와 연결이 되어 있었어요.

So, you were not supposed to do this, but she would take me and my friends into the bar,
이러면 안 되는 거였지만 어머니께서 저와 제 친구들을 바로 데려다주셨죠.

and I would go "trick or treat" at the bar,
그리고 전 바에서 "trick or treat"을 했는데요,

and they used to give us these huge chocolate,
바에 있던 분들이 저에게 이렇게 거대한 초콜릿을 주시곤 했어요.

Three Musketeers, giant, king-sized candy bars, like four of them from the bar.
Three Musketeers 브랜드의 거대한 킹사이즈 초코바를 4개씩이나 꺼내 주셨어요.

And so we always take the candy bars and go brag to our friends
저흰 항상 이 초코바를 친구들에게 보여주면서 자랑했죠.

because we had the biggest chocolate.
저희가 받은 초콜릿이 제일 컸으니까요.

be based on~

~에 기초하다, 근거하다

❶ Halloween **is based on** a Pagan tradition.
헬러윈은 이교도 전통에 기초해요.

친구에게 영화를 추천할 때

■ 그럼 함께 응용해볼까요?

내 보고서는 사실을 근거로 하고 있어요. hint my report / facts

____

이 책은 전설을 근거로 하고 있어요. hint this book / legend

____

정답 : My report is based on facts.
This book is based on a legend.

mess up
망치다

❷ I'm going to **mess** this **up**.
저는 이것을 망칠 거예요.

컨디션이 안 좋아 면접을 망쳤을 때

■ 그럼 함께 응용해볼까요?

나는 발표를 망쳤어요. hint presentation

___

나는 모든 상황을 망쳤어요. hint whole situation

___

정답 : I messed up the presentation.
I messed up the whole situation.

다니엘 헤니가 알려주는 | Key Expression

가장 좋아하는 슈퍼히어로로 변장할 수 있어요.

❶ You get to dress up like your favorite superheroes.

저는 그 영화를 볼 수 있었어요.

I got to watch that movie.

저는 헐크로 변장했던 것 같아요.

❷ I think I dressed up as the Incredible Hulk.

저는 스파이더맨으로 변장하고 싶어요.

I want to dress up as the Spider Man.

44강

그곳은 비교적 훼손되지 않았어요.

Interview

Q: Do you have a favorite vacation spot?

가장 선호하는 휴양지가 어디인가요?

❶ **I think, probably Bali.** Probably Bali.
제 생각에는, 아마도 발리예요.

Um... I love Bali.
발리를 정말 좋아해요.

I think ❷ **it's still... relatively untouched** enough where it's still not overtaken by people.
제 생각에 그곳은 아직 비교적 훼손되지 않았어요. 사람들이 지나치게 몰리지 않아요.

I mean it's pretty bad,
뭐 당연히 사람들이 많긴 하지만,

but I mean there are still spots you can go and enjoy it and still feel like it's natural.
그래도 아직 자연이라고 느낄 수 있는 공간들이 남아 있다는 뜻이죠.

And uh... that's what I like about Bali.
발리는 그 점이 좋아요.

But, um... I love Europe, too, you know?
하지만 유럽도 좋아하지요.

London's great. It's a different kind of vacation.
런던도 좋아요. 다른 종류의 휴양지이긴 하지만요.

It depends on where you want to go, what you want to do.
어디로 가고 싶은지 무엇을 하고 싶은지에 따라 다르죠.

probably
아마도

❶ I think, probably Bali.
제 생각에는, 아마도 발리예요.

동료가 주말 계획에 관해 물을 때

■ 그럼 함께 응용해볼까요?

나는 아마도 부모님을 방문할 거예요. hint visit my parents

나는 아마도 한국 음식을 먹을 거예요. hint eat Korean food

정답 : I'll probably visit my parents.
I'll probably eat Korean food.

relatively
비교적

❷ It's still relatively untouched.
그곳은 아직 비교적 훼손되지 않았어요.

운전면허 시험을 통과했을 때

■ 그럼 함께 응용해볼까요?

그 호텔은 비교적 깨끗했어요. hint hotel / clean

___

그 기계는 비교적 간단했어요. hint machine / simple

___

정답 : The hotel was relatively clean.
The machine was relatively simple.

미국의 Landmark

New York City(뉴욕시)는 미국 북동부, 뉴욕주의 남쪽 끝에 위치한 곳으로 세계의 문화 수도로 불리기도 합니다. 브로드웨이, MoMA, 센트럴파크 이외에도 뉴욕은 국제 외교에서 중요한 도시이며, 국제 연합 본부도 이곳에 있습니다. 미국인들에게도 신세계인 뉴욕은 실제 미국 다른 주의 중고등학교 학생들에게 졸업 여행지로도 인기가 많다고 하네요.

Yosemite National Park(요세미티 국립공원)는 북아메리카에서 가장 높은 폭포 Yosemite Fall이 있는 곳으로 미국 캘리포니아주 서부에 있는 국립공원이랍니다. 유네스코 세계유산으로 지정된 곳으로 엄청난 자연경관을 볼 수 있는데, 화강암 절벽, 폭포, 깨끗한 개울, 자이언트 세쿼이아 숲, 호수, 산맥, 목초지, 빙하 등 매우 다양한 생물 분포지로도 유명한 곳이라고 하네요.

Golden Gate Bridge(금문교)는 조셉 슈트라우스가 설계했으며, 샌프란시스코에 있는 약 2.8km 길이의 주홍빛 다리로 석양이 매우 예쁜 것으로 유명하여 영화에도 많이 등장합니다. Golden Gate Bridge에는 불가사의한 스토리가 있다고 하는데요. 이곳은 오후 4~5시만 되면 자욱하게 깔리는 안개와 수면 아래 복잡한 지형, 거센 조류들과 강한 바람으로 인해 다리를 건설할 수 있는 환경이 아니었다고 하는데 그런데도 4년 만에 완공하여 미국 토목학회 선정 불가사의에 들게 되었다고 합니다.

New England

(뉴 잉글랜드)는 메인, 뉴햄프셔, 버몬트, 매사추세츠, 코네티컷, 로드아일랜드 6개 주에 걸친 지역으로 예쁜 단풍으로 유명한 곳이랍니다.

영국 왕실에서 독립전쟁을 일으킨 시발점인 이 지역은 주민의 교육 수준과 사회 경제적 지위가 매우 높아 미국의 고급문화를 주도하는 지역이라고 하네요. 이곳은 명문 사립 기숙 학교들이 많고 상류층만이 즐길 수 있는 고급문화들 역시 다른 지역들에 비해 많다고 합니다.

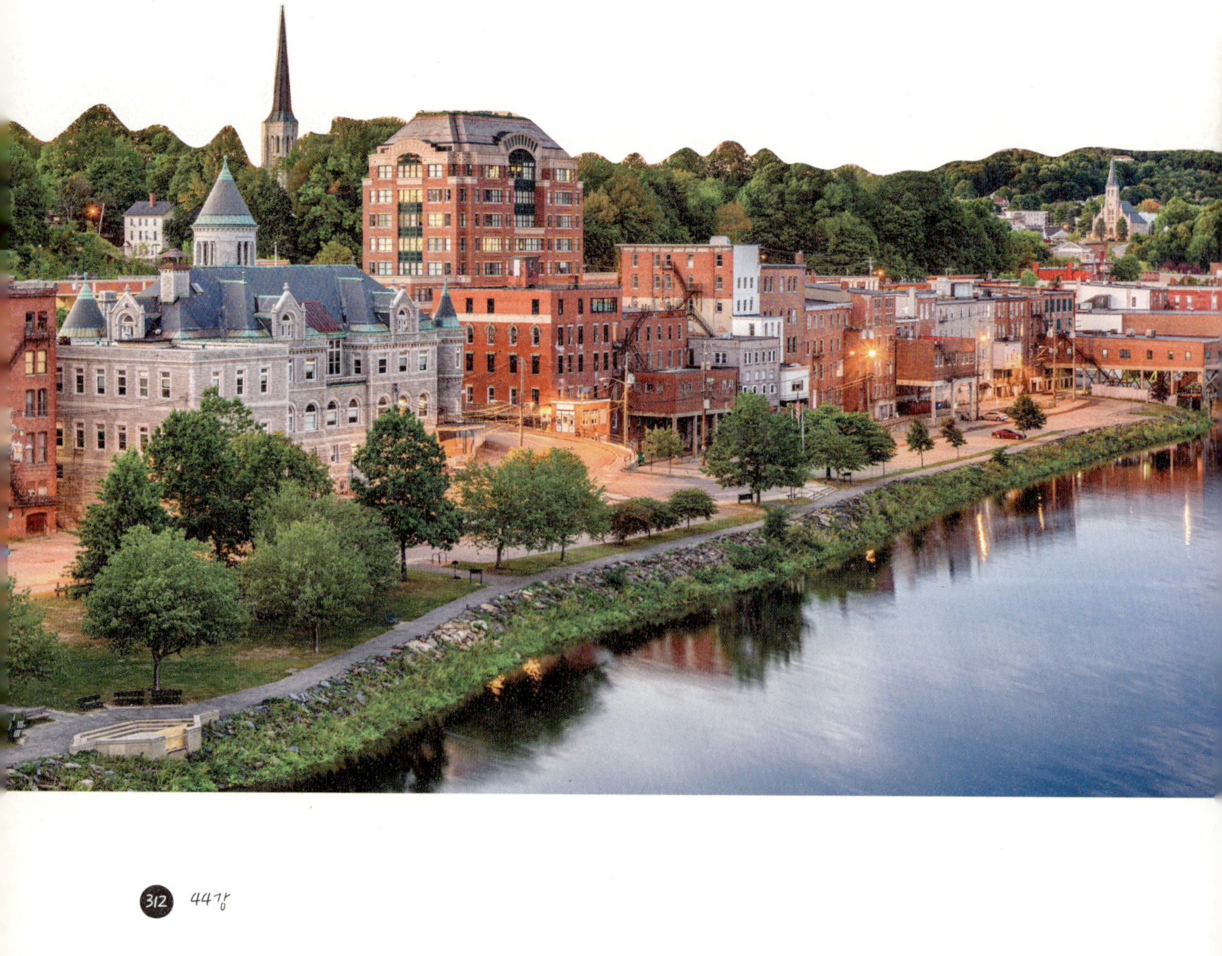

Route 66(66번 국도)는 미국의 일리노이주 시카고에서부터 캘리포니아주 로스앤젤레스의 산타모니카까지 이어진 3,945km 길이의 미국 최초의 대륙 횡단 도로랍니다. Route 66은 많은 영화와 뮤직비디오의 무대가 되기도 한 곳인데요. 1985년 미국 지도에서 삭제되었다가 2003년에 국도가 복원되었다고 해요. 지금은 주로 관광객들이 이용하거나 옛 추억을 떠올리는 미국인들이 가장 많이 찾는 미국 국도라고 합니다. 또, Route 66는 다른 이름으로 윌 로저스 고속 도로(Will Rogers Highway), 미국 메인 스트리트(Main Street of America) 아니면 모로(Mother Road)라고 불리며 Mother Road라는 노래로도 만들어질 만큼 미국인에게 상징적인 도로라고 하네요.

45강

함께 시간을 보내는 것을 즐겨요.

Interview

Q: How is the way of spending time in the States different from it is in Korea?

미국 사람들이 시간을 보내는 방법이 한국 사람들과 어떻게 다른가요?

❶ **I think that Koreans...** um... really **enjoy spending time together in groups.**
제 생각에 한국 사람들은 단체로 시간을 보내는 것을 정말 즐기는 것 같아요.

Where I wished... well, ❷ **I noticed...** I think it's really beautiful.
저는 알아차렸어요. 참 멋진 것 같아요.

Um... a lot of the times I... when I... I'm very seldom with Korean people and it's just one person.
제가 한국 사람들과 있을 때 딱 한 명뿐인 경우는 매우 드물어요.

❶ **Usually it's a group of people,** you know?
보통 한 무리의 사람들이에요. 그렇죠?

They love going to church together. They love going to, like, social groups together,
교회도 같이 가고 사회 활동도 같이하고,

uh... organizations together.
단체 활동도 같이하고요.

And, in the States, it's much more singular.
미국은 이에 비해 상당히 개인주의예요.

Yeah, so ❷ **it's not quite the same feeling,** but
그래서 느낌이 좀 달라요.

um... yeah, I think Koreans are different that way.
한국 사람들과 다른 점은 그거라고 생각해요.

enjoy ~ing
~하는 것을 즐기다

❶ I think that Koreans enjoy spending time together in groups.
제 생각에 한국 사람들은 단체로 시간을 보내는 것을 즐기는 것 같아요.

동호회에서 만난 친구에게 취미를 물을 때

■ 그럼 함께 응용해볼까요?

당신은 쇼핑하는 것을 즐기나요? hint shopping

____

당신은 요리하는 것을 즐기나요? hint cooking

____

정답 : Do you enjoy shopping?
Do you enjoy cooking?

notice~
~을 알아차리다

❷ I noticed (that Koreans enjoy spending time together in groups).
저는 (한국 사람들은 단체로 시간을 보내는 것을 즐긴다는 것을) 알아차렸어요.

여자친구가 자신의 달라진 점을 물을 때

■ 그럼 함께 응용해볼까요?

나는 당신의 새 머리를 알아차렸어요. hint your new hair

____

나는 당신의 새 신발을 알아차렸어요. hint your new shoes

____

정답 : I noticed your new hair.
I noticed your new shoes.

다니엘 헤니가 알려주는 | Key Expression

보통 한 무리의 사람들이에요.

❶ Usually, it's a group of people.

한 무리의 아이들이 농구를 하고 있어요.

A group of children are playing basketball.

느낌이 좀 달라요.

❷ It's not quite the same feeling.

저는 이 수업에 좀 준비가 안 됐어요.

I'm not quite ready for this class.

문화 엿보기 | 사고방식

Individualism
개인주의

동양에서는 자기희생과 더불어 타인에 대한 존중과 배려를 강조하는 반면, 미국에서는 개인주의 즉, individualism이 중요한 가치이기 때문에, 개인의 강인함, 적극성, 독립성이 중요하게 여겨지죠. 이처럼 개인 중심의 가치와 독립적인 삶을 지지하는 사고방식은 유아기부터 시작된다고 하는데요. 예를 들어, 아이에게 자신이 먹을 시리얼 색을 직접 고르게 한다거나, 어렸을 때부터 스스로 밥을 먹고 옷을 입도록 훈육함으로써 독립심과 개성을 키우려 한다고 해요. 또, 18살이 된 자녀는 부모로부터 경제적인 독립을 하는 것이 지극히 자연스러운 일이라고 하네요.

46강

전시회에
가 보세요.

Interview

Q: Where would Americans go out for a date?

미국 사람들은 데이트할 때 어디로 가나요?

Normally in the States, you go out.
보통 미국에서 데이트할 땐,

It's just like in Korea. You go to the movies, you go shopping, you go...
한국과 똑같아요. 영화도 보러 가고 쇼핑도 가고요.

You know, romantic places, dinner, um...
아시잖아요. 로맨틱한 장소들이요. 저녁도 먹고요.

LA is nice. There are a lot of romantic restaurants,
LA가 참 좋아요. 로맨틱한 식당들도 많이 있고요,

a lot of places to go and to see, um... a lot of museums and things.
박물관 등 볼거리도 많고 가볼 곳도 많고요.

I recommend, like, if you are going to go on a date,
제가 데이트를 할 때 추천하는 곳은

you'd probably go to LACMA in the day time, excuse me, ❶ **check out exhibits** and then go...
낮에는 LACMA(LA카운티 미술관)에 가서 전시회에 가보세요.

go to the Grove and walk around, ❶ **catch a movie,** um...
Grove(LA에 있는 야외 쇼핑센터)에 가서 좀 돌아다니고 영화를 볼 수도 있어요.

There are a lot of great restaurants around there to go to, you know.
그 주변에 훌륭한 식당들도 많이 있어요.

Going on a date is... it's not about where you go, what you do.
데이트한다는 것은 어디로 가느냐 혹은 무엇을 하느냐가 관건이 아니에요.

❷ **It's about**, you know, **the experience you share with that person.**
그 사람과 공유하는 경험이에요.

So, ❷ **that's more important.**
네, 그것이 더 중요해요.

check out~

~에 가보다

❶ **Check out** exhibits.
전시회에 가보세요.

동네에 새로운 카페가 생겼을 때

■ 그럼 함께 응용해볼까요?

새로운 극장에 가봤어요? hint new theater

____

새로운 쇼핑몰에 가봤어요? hint new mall

____

정답 : Did you check out the new theater?
Did you check out the new mall?

more 형용사
더 ~한

❷ That's **more important**.
그것이 더 중요해요.

이사할 집을 보러 다닐 때

■ 그럼 함께 응용해볼까요?

그 수업이 더 어려워요. hint that class / difficult

____

이 셔츠가 더 화려해요. hint this shirt / colorful

____

정답 : That class is more difficult.
This shirt is more colorful.

다니엘 헤니가 알려주는 | Key Expression

영화를 볼 수도 있어요.
❶ (You would) **catch** a movie.

우리 연극을 보는 것은 어때?

Why don't we **catch** a show?

그 사람과 공유하는 경험이에요.
❷ It's about the experience you **share with** that person.

나는 너와 공유한 음식이 정말 좋았어.

I really liked the dish I **shared with** you.

Are you playing hard to get?
너 튕기는 중이니?

남녀 사이에서 고백이나 데이트 신청을 받았을 때 너무 쉬워 보이고 싶지 않아서 마음과 달리 거절할 때가 종종 있죠. 우리나라 말로는 '튕긴다' 또는 '밀당한다'와 같은 구어적인 표현이 있는데, 이와 유사하게 영어에도 play hard to get이라는 표현이 있습니다. 말 그대로 '얻기 힘들게 연기하다'라는 뜻인데, 자신의 속마음을 감추고 상대방에게 덜 흥미로운 척 행동하는 것을 말해요. 일부러 문자를 늦게 보내거나, 관심 없는 척 대답하는 상대방에게 "Are you playing hard to get?"이라고 물어보면 속마음을 알 수 있을지도 모르죠~?

47강

반려견을
산책시켜요.

Interview

Q: Tell us about your daily routine when you are not busy.

바쁘지 않을 때의 하루 일정을 알려주세요.

Um... usually... um... I wake up in the morning, one.
보통은 아침에 일어나는 것으로 시작해요.

And two, I have coffee. And then, three, ❶ **I feed my dog, Mango.**
그다음엔 커피를 마시죠. 세 번째로 저는 제 개 망고에게 밥을 줘요.

So, she has to have her food, and ❶ **she has to go outside,**
망고도 밥을 먹어야 하거든요. 망고는 밖으로 나가야 해요.

to... you know, use the bathroom, things like that.
얘도 볼일 같은 거를 봐야 하니까요.

And, um... then, you know, sometimes ❷ **I have a script to read or work to take care of.**
그리고 때로 저는 읽을 대본이나 처리해야 할 업무가 있어요.

So, I'll do that for two hours.
그렇게 두 시간 동안 업무를 보고요.

And then, three, four? I don't know, mistakes.
그리고... 세 번째인가요? 네 번째인가? 기억이 안 나네요.

❷ **Um, let's see.** And usually, um... did I say workout?
음, 어디 보자. 그리고는 보통, 음... 제가 운동 언급했나요?

I work out. I go to the gym.

운동해요. 헬스장에 가서요.

go outside
밖으로 나가다

❶ She has to go outside.
그녀(망고)는 밖으로 나가야 해요.

친구가 면접에 떨어진 후 우울해할 때

■ 그럼 함께 응용해볼까요?

당신은 그 건물 밖으로 나가는 게 좋겠어요. hint building

당신은 이 방 밖으로 나가는 게 좋겠어요. hint this room

정답 : You should go outside the building.
You should go outside this room.

take care of~
~을 처리하다

❷ I have a script to read or work to take care of.
저는 읽을 대본이나 처리해야 할 업무가 있어요.

오빠가 조카를 돌봐달라고 할 때

■ 그럼 함께 응용해볼까요?

나는 그 서류작업을 처리해야 해요. hint paperwork

____

나는 내 두통을 처리해야 해요. hint my headache

____

정답 : I need to take care of the paperwork.
I need to take care of my headache.

다니엘 헤니가 알려주는 | Key Expression

저는 제 개 망고에게 밥을 줘요.

❶ I **feed** my dog, Mango.

당신의 아기에게 밥을 주세요.

Feed your baby.

음, 어디 보자.

❷ Um, **let's see.**

어디 보자. 저는 이걸로 할게요.

Let's see. I'll take this one.

48강

영화를
보러 가요.

Interview

Q: What do you do in your spare time?

여가시간에는 무엇을 하세요?

Well, I'm always busy.
전 항상 바쁜데요.

So, my daily routine if I'm not busy is one, sleep. Two, sleep. Three, sleep.
바쁘지 않을 때 저의 일상은 잠, 잠, 그리고 잠입니다.

No, I'm just kidding.
물론 장난이지요.

Sometimes ❶ **I call** my mom or my dad, **my parents, talk to them.**
때때로 저는 부모님께 전화해 그들과 이야기해요.

And then, uh... you know, in the evening I meet friends, have dinner.
저녁엔 친구들을 만나서 같이 저녁도 먹고요.

Um... ❷ **go watch a movie** or... you know, relax.
저는 영화를 보러 가요. 휴식을 취하기도 하고요.

❶ **Nothing, nothing big.**
별로 대단한 것은 없어요.

But, you know, to be honest, I love working.
그런데 솔직히 말씀드리자면 전 일하는 것이 너무 좋아요.

It's my favorite thing.
제가 제일 좋아하는 것이 일이에요.

I love to be busy, so when I'm not busy, I feel strange.
바쁜 것을 너무 좋아해서 바쁘지 않을 땐 오히려 기분이 이상해요.

❷ I feel awkward.
어색한 느낌이 들어요.

Um... I like being busy. So, it's good for me.
바쁜 게 좋아요. 저에겐 잘 된 거죠.

talk to~
~와 이야기하다

❶ I call my parents, (and I) talk to them.
저는 부모님께 전화해 그들과 이야기해요.

동생이 일주일째 택배가 안 온다며 걱정할 때

*delivery man : 배달부

■ 그럼 함께 응용해볼까요?

교수님과 이야기했나요? hint professor

____

당신의 동료와 이야기했나요? hint your colleague

____

정답 : Did you talk to the professor?
Did you talk to your colleague?

go + 동사원형
~하러 가다

❷ (I) go watch a movie.
저는 영화를 보러 가요.

미국 출장을 마치고 한국에 도착했을 때

■ 그럼 함께 응용해볼까요?

간식을 좀 사러 갑시다. hint buy some snacks

____

산책하러 갑시다. hint take a walk

____

정답 : Let's go buy some snacks.
Let's go take a walk.

다니엘 헤니가 알려주는 | Key Expression

별로 대단한 것은 없어요.

❶ (There's) nothing, **nothing big**.

이 선물은 별로 대단한 것은 아니지만 당신을 위해 만들었어요.

This gift is **nothing big**, but I made it for you.

어색한 느낌이 들어요.

❷ I feel **awkward**.

당신의 옷은 어색해 보여요.

Your clothes look **awkward**.

문화 엿보기 | 여가시설

Let's go to the amusement park!

놀이공원에 갑시다!

한국과 마찬가지로 미국에서도 amusement park는 가족과 친구들끼리 즐겁게 여가를 보낼 수 있는 장소 중의 하나입니다. 단, 미국의 amusement park는 대체로 규모가 훨씬 더 크고, 볼거리와 즐길 거리의 종류도 더 많다고 해요. 예를 들어, 대표적인 미국의 amusement park인 디즈니랜드(Disneyland)의 경우, 바깥 둘레를 철도가 돌 정도로 어마어마한 규모에 여러 가지 테마파크로 구성되어 있어서 모든 걸 제대로 즐기기 위해서는 며칠이 걸리기도 한다고 합니다. 그래서 내부에 리조트, 호텔 시설까지 운영하고 있다고 하니 그 규모를 짐작할 수 있겠죠?

49강

농구를 하며 자랐어요.

Interview

Q: Do you enjoy playing any sports?

좋아하는 스포츠가 있나요?

Yeah, um... basketball.
있죠. 농구요.

Basketball, baseball, golf... um... I like football, soccer.
농구, 야구, 골프, 미식축구, 축구 다 해요.

Um... basically every sport. I like sports.
그냥 모든 스포츠를 좋아해요. 스포츠 자체를 좋아하거든요.

I like watching sports, but playing I like basketball the most and golf second.
경기를 보는 것도 좋아하지만 직접 하는 것은 농구가 제일 좋아요. 그다음이 골프고요.

Um... yeah, ❶ **I grew up playing basketball** my whole life.
저는 평생 농구를 하며 자랐어요.

It was my passion.
농구에 대한 열정이 있었어요.

So I decided that I had to be good at basketball,
어렸을 때 저는 농구를 잘해야겠다고 결심을 했어요.

so ❶ **that was my ticket to get out of my small town.**
그게 제가 살던 작은 동네를 빠져나올 기회였거든요.

❷ **Nothing against it,** it's a beautiful town but it's just not a place to stay your whole life.
그것에 어떤 불만도 없어요. 매우 아름답거든요, 그런데 평생을 보낼 만한 곳은 아니죠.

Um... so, ❷ **still very passionate about basketball.**
그래서 여전히 농구에 열정적이에요.

grow up ~ing
~하며 자라다

❶ I **grew up playing** basketball.
저는 농구를 하며 자랐어요.

신체검사에서 근육량이 높게 나왔을 때

■ 그럼 함께 응용해볼까요?

나는 내 남동생과 싸우며 자랐어요. hint fighting with my brother

____

나는 많은 영화를 보며 자랐어요. hint watching a lot of movies

____

정답 : I grew up fighting with my brother.
I grew up watching a lot of movies.

passionate about~
~에 열정적인

❷ (I'm) still very passionate about basketball.
저는 여전히 농구에 열정적이에요.

명절에 친척들이 결혼하라고 재촉할 때

■ 그럼 함께 응용해볼까요?

나는 노래하는 것에 열정적이에요. hint singing

___

나는 스포츠에 열정적이에요. hint sports

___

정답 : I'm passionate about singing.
I'm passionate about sports.

다니엘 헤니가 알려주는 | Key Expression

그게 제가 살던 작은 동네를 빠져나올 기회였거든요.

❶ That was my ticket to get out of my small town.

당신은 집에서 더 자주 나와야 해요.

You should get out of your house more often.

그것에 어떤 불만도 없어요.

❷ (I have) nothing against it.

이 계획에 어떤 불만이 있나요?

Do you have anything against this plan?

I've decided to just throw in the towel.

나 포기하기로 했어.

복싱 또한 미국에서 많이 보는 스포츠이죠. 세계적으로 유명한 복싱선수인 Muhammad Ali와 Mike Tyson도 미국 출신이고요. 복싱에서는 경기 중에 선수 보호 차원에서 패배를 선언할 때 코치가 수건을 던지기도 하므로 throw in the towel은 '패배를 선언하다, 포기하다'라는 뜻으로 사용됩니다. 무언가를 준비 중이던 친구가 어느 날, "I've decided to just throw in the towel."이라고 말한다면 하던 것을 그만둔다는 의미이므로 따뜻한 위로의 한마디를 해주시는 게 좋겠네요.

50강

호수 옆에
작은 집을 갖고 있어요.

Interview

Q: When was the last time you went on a holiday?

마지막으로 보낸 휴가가 언제인가요?

Christmas. ❶ **I went for Christmas** and I met my family, uh... in Michigan.
크리스마스요. 저는 크리스마스를 위해 갔어요. 그리고 미시간에서 가족들을 만났어요.

And ❷ **I have this** like, um... **little house next to the lake,** a lake.
저는 호수 옆에 작은 집 한 채를 가지고 있어요.

It's a cabin. Um... it's really quiet and it's like a movie.
오두막이죠. 매우 조용한 게, 마치 영화의 한 장면 같아요.

So, inside of the house, there's like a fire place,
오두막 안에는 벽난로가 있는데요,

and um... you know, it's all wood interior and it's very warm and it's uh... perfect.
인테리어도 다 나무로 되어 있어서 따뜻하고 완벽해요.

And I have a lake there, and I can go fishing and uh... ride boats and things.
옆에 호수도 있어서 낚시도 하고 배 같은 것도 탈 수 있어요.

That's what I do for my holidays.
휴가 때 오면 그런 것들을 하죠.

go for~
~을 위해 가다

❶ I went for Christmas.
저는 크리스마스를 위해 갔어요.

연차를 사용할 때

■ 그럼 함께 응용해볼까요?

나는 출장을 갈 거예요. hint business trip

____

나는 산책을 갈 거예요. hint walk

____

정답 : I'll go for a business trip.
I'll go for a walk.

next to~
~옆에

❷ I have this little house next to the lake.
저는 호수 옆에 작은 집 한 채를 가지고 있어요.

친구와의 약속 장소에 먼저 도착했을 때

■ 그럼 함께 응용해볼까요?

나는 카운터 옆에 서 있어요. hint counter

나는 건물 옆에 서 있어요. hint building

정답 : I'm standing next to the counter.
I'm standing next to the building.

미국의 Holiday

Super Bowl Sunday(슈퍼 볼 선데이)는 주로 매년 2월의 첫 번째 일요일에 열리는 미식축구 결승전이 있는 날을 말합니다. 미국에서는 전 국민적으로 '미식축구'인 'American football'이 인기가 많은데 그중에서도 미국 프로 미식축구 챔피언 결정전인 'Super Bowl'은 미국인뿐만이 아니라 모든 사람이 주목하는 행사라고 합니다. 이날은 평소에 미식축구를 보지 않는 사람들도 삼삼오오 모여 파티를 즐긴다고 하는데요, 특히 경기 중간에 하는 하프타임 쇼와 광고는 선풍적인 인기를 끈다고 하네요.

Mother's Day

(어머니의 날)는 매년 5월 두 번째 일요일에 있고, 아버지의 날은 매년 6월 세 번째 일요일에 있다고 합니다. 한국과는 다르게 어머니, 아버지의 날을 따로 만들어 놓았는데 아무래도 어머니의 날을 훨씬 크게 기념한다고 하네요. 어머니날을 기념하는 꽃은 우리와 같이 카네이션인데 일반적으로는 붉은 카네이션을 드리지만, 어머니가 돌아가신 경우는 흰 카네이션을 어머니의 무덤 앞에 모셔 놓는다고 하네요.

4th of July(독립기념일)는 미국의 연방 공휴일로 매년 7월 4일입니다. 1776년 7월 4일 미국 독립 선언이 채택된 것을 기념하는 날로 미국에서는 새로운 주가 연방에 가입하고 맞는 첫 독립 기념일에 별의 수를 늘리는 형태로 국기를 변경하는 날로도 알려져 있다고 하네요. 국기색인 red, white, blue의 옷을 입고 가족끼리 바비큐 파티를 하며 불꽃놀이를 즐기는 날이라고 합니다.

Thanksgiving Day(추수감사절)는 종교 개혁을 기리는 영국의 전통에서 따온 휴일로 미국의 경우 매년 11월 넷째 주 목요일이라고 합니다. 추수감사절에 미국인들은 가족끼리 파티를 열어 칠면조, 햄을 비롯한 여러 음식을 만들어 먹고 감사의 말을 나누곤 한답니다. 또한 대부분 학교와 직장에서는 여유롭게 휴일을 즐길 수 있게 추수감사절 다음날인 금요일을 휴무로 하여 총 나흘 동안 쉬게 하는 경우가 많다고 합니다. 추수 감사절은 쇼핑 시즌으로도 유명한데 Thanksgiving 다음 날인 Black Friday라고 불리는 금요일에는 모든 상점이 대대적인 세일을 한다고 하네요. 이날 하루에만 미국 소매업 연간 매출의 20%가 팔릴 정도이며, 이날을 기점으로 크리스마스, 연말 연시까지 쇼핑의 절정기를 이루게 됩니다.

51강

개방적인 생활 방식이에요.

Interview

Q: What other countries have you lived in?

어떤 나라에서 거주해보셨나요?

Um... I've lived in the U.S. obviously.
음, 당연히 미국에서 살아왔고요.

Um... Korea... um... Hong Kong... uh... Paris... uh... Italy and basically 호주.
한국, 홍콩, 파리, 이탈리아, 그리고 호주요.

I'm sorry, I spoke Korean, I'm sorry.
죄송합니다. 한국말로 대답을 했네요.

Q: What are some of your favorite places?

가장 좋아하는 곳은 어디인가요?

I love uh... I loved Australia because the, you know, the beach is there,
호주가 참 좋아요. 해변이 있으니까요.

uh... the cafes are there, and amazing coffee.
거기에 카페들이 있는데 커피가 참 환상적이죠.

Um... they have a really good culture of people.
호주 사람들의 문화가 정말 훌륭해요.

Um... like the music is very important, the lifestyle is very important,
음악이 매우 중요하고요, 생활방식도 아주 중요해요.

which... it's almost an artistic way of living.
거의 예술적인 생활방식이죠.

I love that about Sydney and Australia in general.
호주, 특히 시드니는 그런 점이 좋아요.

❶ It's a very free, open, clean way of living,
그것은 매우 자유롭고 개방적이고 깔끔한 생활방식이에요.

very progressive, **❶ almost Bohemian way of living sometimes.**
매우 혁신적이고 가끔 거의 보헤미안 생활방식이죠.

Um, I liked Paris a lot, but it's too busy for me.
파리도 참 좋았지만, 저에겐 너무 북적거리는 것 같아요.

Uh... I love visiting there but couple of weeks and **❷ I'm ready to go,** you know?
방문하는 것은 좋은데 몇 주만 지나면 저는 갈 준비가 되어 있어요, 아시죠?

❷ It's a little too busy for me.
그곳은 좀 저에겐 너무 북적거려요.

Um... I like LA I like LA you know it's a little bit of everything, so, yeah.
LA도 좋아하고요. LA는 아시다시피 모든 것들이 조금씩 섞여 있어요.

a way of~
~방식, 방법

❶ It's a very free, open, clean way of living.
그것은 매우 자유롭고 개방적이고 깔끔한 생활방식이에요.

친구에게 복싱을 추천할 때

■ 그럼 함께 응용해볼까요?

쇼핑은 스트레스를 푸는 좋은 방법이에요. hint shopping / distressing

____

잠은 긴장을 푸는 좋은 방법이에요. hint sleeping / relaxing

____

정답 : Shopping is a good way of distressing.
Sleeping is a good way of relaxing.

too ~ for A
A에게는 너무 ~한

❷ It's a little too busy for me.
그곳은 좀 저에겐 너무 북적거려요.

동료가 헤비메탈 공연에 같이 가자고 할 때

■ 그럼 함께 응용해볼까요?

한국 음식이 나에게는 너무 매워요. hint Korean food / spicy

____

영어가 나에게는 너무 어려워요. hint English / hard

____

정답 : Korean food is too spicy for me.
English is too hard for me.

다니엘 헤니가 알려주는 | Key Expression

그것은 가끔 거의 보헤미안 생활방식이죠.

❶ (It's) almost Bohemian way of living sometimes.

저는 가끔 외식해요.

I eat out sometimes.

저는 갈 준비가 되어 있어요.

❷ I am ready to go.

저는 운전할 준비가 되어 있어요.

I am ready to drive.

I'm so tired because of jet lag.
난 시차 적응으로 너무 피곤해.

사람은 낮과 밤 그 시간에 따라 호르몬 분비나 대사 작용 등의 신체 과정이 조절되는데, 평소 살던 시간대와 다른 먼 거리의 장소로 이동하게 되면, 신체의 주기가 어긋나게 되어 몸에 여러 증상이 나타나죠. 여러분들도 미주나 유럽 쪽으로 먼 거리의 여행을 가면 시차 적응 때문에 고생하신 경험이 있으실 텐데요. 이와 같은 시차 적응을 영어로는 jet lag라고 하는데, 이 표현은 제트기(jet)가 너무 빨라서 몸의 상태가 뒤처진다(lag)는 의미의 합성어예요. 보통 2주 안에 증상은 자연적으로 사라진다고 하니, 크게 걱정할 필요는 없을 것 같아요.

52강

하루가
그냥 지나갈 수 있어요.

Interview

Q: What are the differences between Korean and American lifestyles?

한국과 미국의 생활방식의 차이는 무엇이 있나요?

Koreans are amazing... amazingly hard workers.
한국 사람들은 대단해요. 매우 성실하죠.

To be honest with you, that's what is the biggest difference to me.
솔직히 말씀드리자면 제가 보기엔 그게 제일 큰 차이 같아요.

Um... the amount of work they put in to the day,
일할 때의 노력이라든가

the passion they have behind what they do,
자신이 하는 일에 대한 열정이라든가

um... how long they work for... um... no complaining...
how they get things done.
오랜 시간 동안 불평 없이 일한다는 점이나 일을 처리하는 방식 등이요.

Now the States, it's so huge, right?
미국을 보시면 엄청나게 크잖아요?

So, different parts of America are different.
그래서 지역마다 문화가 좀 달라요.

So, ❶ **Michigan, for example, is very slow.**
예를 들어, 미시간은 매우 한가로워요.

The people are very simple.
사람들도 좀 단순하다고나 할까요?

Um... ❶ **the day can go by all day and people do nothing**
but sit in a chair and watch TV.
사람들이 아무것도 안 하고 하루가 그냥 지나갈 수 있어요. 앉아서 TV만 볼 수도 있죠.

That's a whole day, right?
온종일 말이에요.

Well, Los Angeles is faster, it's kind of like... ❷ **Los Angeles is kind of like Busan,** you know?
LA는 그것보단 조금 빠르죠. LA는 약간 부산과 비슷해요.

A little bit faster... a little bit.
조금 더 빨라요. 아주 조금.

But then New York is like Seoul, right?
그리고 뉴욕은 서울과 비슷해요.

So, ❷ **they're similar but different in many ways.**
그래서 그것들은 여러모로 비슷하지만 달라요.

Q: Why do you think Korea is amazing?
한국이 놀랍다고 한 이유는 무엇인가요?

I mean look at Seoul. Seoul is... how old is Seoul?
서울을 보세요. 서울이라는 도시가 얼마나 오래됐죠?

It's sixty years old now? The city? After the war, yeah, right?
한국전쟁 이후로 60년 정도 됐잖아요?

I mean, they built this whole city, that's... that's Korea. It's amazing.
그 시간 동안 이 도시 전체를 만들었어요. 그게 한국이에요. 놀라운 일이죠.

go by
(시간이) 지나가다

❶ The day can go by all day and people do nothing.
사람들이 아무것도 안 하고 하루가 그냥 지나갈 수 있어요.

휴가가 순식간에 지나갔을 때

■ 그럼 함께 응용해볼까요?

그 몇 달은 정말 더디게 지나갔어요! hint months / so slow

____

어제는 정말 빨리 지나갔어요! hint yesterday / so quick

____

정답 : The months went by so slow!
Yesterday went by so quick!

kind of
좀, 약간

❷ Los Angeles is kind of like Busan.
LA는 약간 부산과 비슷해요.

동료가 카페에 가자고 할 때

■ 그럼 함께 응용해볼까요?

나는 좀 속상해요. hint upset

나는 좀 피곤해요. hint tired

정답 : I am kind of upset.
I am kind of tired.

다니엘 헤니가 알려주는 | Key Expression

예를 들어, 미시간은 매우 한가로워요.
❶ Michigan, **for example**, is very slow.

예를 들어, 이 꽃은 정말 예뻐 보여요.

This flower, **for example**, looks really pretty.

그것들은 여러모로 비슷하지만 달라요.
❷ They're similar but different **in many ways**.

나는 여러모로 네가 그리울 거야.

I will miss you **in many ways**.

문화 엿보기 | 음료

It's pop, not soda.

소다(soda)가 아니고, 팝(pop)이에요.

여러분도 탄산음료를 영어로는 'soda'로 알고 계시죠? 네, 맞아요. 그런데 다니엘 헤니의 고향인 미시간주에서는 탄산음료를 pop이라고 부른다고 해요. 미국은 땅이 넓기 때문에 지역마다 사용하는 명칭이 다를 수 있어요. Soda는 보통 북동부, 남서부에서 사용하는 단어이고, pop은 미시간주를 포함한 북부에서 사용한다고 합니다. 재미있지 않나요? 혹시 미시간주에 가서 음료를 주문할 기회가 있다면, soda가 아닌 pop을 주문해 보는 것을 잊지 마세요!

53강

그때 그러면
안 되는 거였죠.

Interview

Q: Do you enjoy driving?

운전하는 것 좋아하세요?

Do I enjoy driving?
제가 운전을 좋아하냐고요?

Yeah, I do.
네, 좋아하죠.

Um... I don't really understand people that don't drive as much.
솔직히 운전을 많이 하지 않는 분들을 잘 이해를 못 하겠어요.

I mean for me when I grew up and driving was... um... such a huge part of my life.
제 말은요, 저는 자라면서 운전하는 것이 제 인생에 큰 일부였어요.

Such a... you know... for a young man, like, attaining freedom.
젊은 남자로서 자유를 얻는 것과 같았죠.

I love driving... um... I wouldn't give it up for anything.
저는 운전을 정말 좋아해요. 그 무엇과도 바꿀 수 없어요.

❶ I drive all the time.
저는 항상 운전해요.

I don't like it when people drive me as much.
오히려 사람들이 저 대신 운전을 해주는 것을 별로 안 좋아해요.

Even when I'm in Korea I feel weird sometimes, my managers and staff will drive me.
한국에서도 매니저나 직원분들께서 운전을 해주시면 기분이 이상해요.

I want to drive, you know?
제가 운전하고 싶거든요.

So when I was living here, I drove for a long time.
제가 과거에 이곳에 살았을 땐 항상 운전했어요.

But um... now, I don't drive as much here. In LA, I do a lot.
하지만 지금은 여기서 운전을 많이 안 하죠. LA에서는 엄청나게 해요.

Q: How old were you when you first got your driver's license?

몇 살에 처음 운전면허를 땄나요?

When I first got my driver's license, I was sixteen. ❷ **I'd been driving for about two years.**

제가 처음 면허를 땄을 때 전 16살이었어요. 약 2년 동안 운전을 하고 있었죠.

Yeah, yeah. ❶ **I wasn't supposed to be.**

맞아요. 저는 그러면 안 되는 거였죠.

Well, I, um... I had to work. So, I had to drive myself to work when I was fifteen.

그런데 15살에 일을 해야 했어요. 그래서 일하는 곳까지 스스로 운전을 해서 가야 했어요.

Um... yeah, it wasn't, it wasn't legal, but ❷ **I had no choice where I was from.**

합법적인 것은 아니었지만 제가 살던 곳에서는 선택의 여지가 없었어요.

So I'd drive once in a while.

그래서 이따금 운전해야 했죠.

And my parents used to let me drive a little bit, they would teach me how.

부모님도 제가 조금씩 운전을 하는 것을 허락하셨어요. 운전하는 법도 가르쳐주시고요.

Um... but yeah since I was sixteen, legally.

하지만 공식적으론 16살부터 운전을 한 거죠.

be supposed to~
~해야 한다

❶ I wasn't supposed to be.
저는 그러면 안 되는 거였죠.

친구가 저녁을 같이 먹자고 할 때

*return : 반납하다

■ 그럼 함께 응용해볼까요?

나는 일찍 떠나야 해요. hint leave early

____

나는 내 상사에게 전화해야 해요. hint call my boss

____

정답 : I am supposed to leave early.
I am supposed to call my boss.

have no choice
선택의 여지가 없다

❷ I had no choice where I was from.
제가 살던 곳에서는 선택의 여지가 없었어요.

엄마가 너무 자주 쇼핑한다며 잔소리할 때

■ 그럼 함께 응용해볼까요?

당신에게 전화하는 것 말고는 선택의 여지가 없었어요. hint call you

____

집에 가는 것 말고는 선택의 여지가 없었어요. hint go home

____

정답 : I had no choice but to call you.
I had no choice but to go home.

저는 항상 운전해요.

❶ I drive **all the time.**

저희는 항상 논쟁해요.

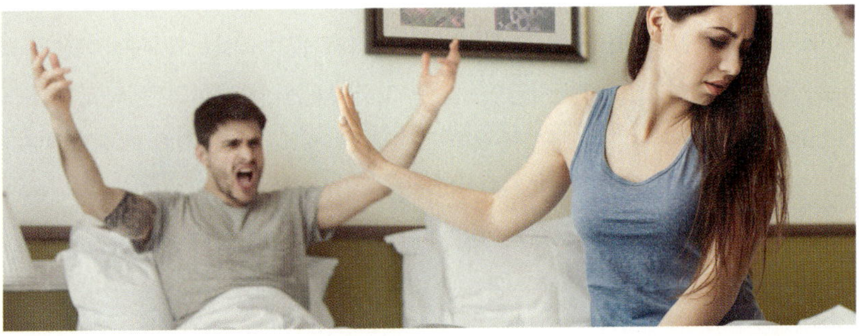

We argue **all the time.**

약 2년 동안 운전을 하고 있었죠.

❷ I'd been driving for **about** two years.

약 10분 정도 더 물을 끓이세요.

Boil water for **about** ten more minutes.

문화 엿보기 | 운전

Stop when red lights flash.

빨간 불이 반짝일 때 정지하세요.

한국은 대중교통이 잘 되어 있어 사립학교에 다니지 않는 이상 대부분 학생은 버스나 지하철로 등하교를 하죠. 하지만 땅이 넓은 미국에서는 학생들의 등하교를 도와주는 school bus를 흔히 볼 수 있는데요. 중요한 것은 school bus가 정지할 때 STOP 표지판이 펼쳐지고 빨간 불이 반짝반짝할 때에요. 이때에는 아이들을 보호하기 위해 반대편 차선을 포함 도로의 모든 차는 정지해야 해요. 그렇지 않을 경우 어마어마한 벌금을 물 수도 있으니 혹시 미국에서 운전해야 하는 상황이 온다면, 꼭 기억해 두세요.

54강

가게 이름은
말하면 안 될 거 같아요.

Interview

Q: Where do you usually go for grocery shopping?

장은 어디에서 보세요?

Grocery shopping? Oh man.
장 보는 거요? 음...

Well, usually I go... I live in Los Angeles... and um... I... there's a, there's a grocery store,
전 LA에 사는데, 제가 장을 보던 마트가 하나 있어요.

❶ **I probably shouldn't say the name of the store,** it's a big store.
저는 아마 그 가게 이름을 말하면 안 될 것 같아요. 어쨌든 큰 마트예요.

Um... anyway, they had this good, like, discount special.
거기에 특별 할인 행사가 매우 좋았거든요.

And I thought I was getting a discount, but ❶ **I realized I was not getting a discount.**
그런데 할인을 받고 있다고 생각했는데 제가 할인을 받지 않고 있었다는 것을 알아차렸어요.

So I changed. ❷ **I switched to a new store.**
그래서 바꿨죠. 저는 새로운 가게로 바꿨어요.

So now, I go to a different store and it's like, more organic,
그래서 이젠 다른 가게에서 장을 보는데 유기농 식품이 더 많아요.

natural foods, um... a lot of gluten-free foods.
자연산 식품들도 많고 글루텐이 없는 식품들도 많고요.

And the prices are good and they have uh... really good wine and cheese and things like that.
가격도 합리적이고 좋은 와인이나 치즈 같은 것들도 있어요.

Q: What kinds of things do you buy at the grocery store?
장을 볼 때 어떤 것들을 사세요?

The things I buy at the grocery store?
장을 볼 때 어떤 것들을 사냐고요?

Um... I always go to the grocery store thinking I want to buy really healthy foods,
항상 장을 보러 갈 땐 건강한 식품들만 사야지 생각을 하고 가요.

but then I, um... I end up buying like potato chips and beer. You know, things like that.
그런데 결국엔 감자 칩이랑 맥주 이런 것들을 사게 되죠.

But I try to buy healthy food.
하지만 항상 건강한 식품을 사려고 노력은 해요.

Try to buy healthy meats and eggs and vegetables.
건강한 고기, 달걀, 채소 등을 사려고 노력하죠.

Um... all the eggs and the livestock, it's farm-raised, um... so it's better food.
그 가게엔 달걀이나 고기 등이 다 농장에서 기른 것들이에요. 품질이 더 좋죠.

It's better trustworthy food.
좀 더 믿을 수 있는 음식인거죠.

And um... you know fruits, yogurts, um...
과일이나 요구르트 같은 것들도 사고요.

I like juices, so organic carrot juice, uh, apple juice, um, pear juice.
제가 주스를 좋아해서 유기농 당근 주스, 사과 주스, 배 주스도 사고요.

I buy these things.
네, 뭐 이런 것들을 사죠.

Q: Anything else?

다른 건 또 없나요?

And of course for my house I have to buy, you know,
물론 가정용품들도 사야죠.

even I go to the grocery store I have to buy the toilet paper, the paper towels.
화장지나 종이 타월 이런 것들은 장 보러 갈 때 꼭 사야죠.

❷ **I have to buy the,** um, you know, **stuff for the shower.**
저는 샤워에 필요한 것을 사야 해요.

Everything. So, toothbrush, toothpaste, all this stuff... I have to buy it.
칫솔, 치약 이런 것들이요. 꼭 사야죠.

probably shouldn't~

아마 ~하면 안 될 것 같다

❶ I probably shouldn't say the name of the store.
저는 아마 그 가게 이름을 말하면 안 될 것 같아요.

우연히 무서운 직장 상사를 봤을 때

■ 그럼 함께 응용해볼까요?

나는 아마 새 차를 사면 안 될 것 같아요. hint buy a new car

___

나는 아마 이걸 언급하면 안 될 것 같아요. hint mention this

___

정답 : I probably shouldn't buy a new car.
I probably shouldn't mention this.

stuff for~
~에 필요한 것

❷ I have to buy the **stuff for** the shower.
저는 샤워에 필요한 것을 사야 해요.

친구들과 파자마 파티를 준비할 때

■ 그럼 함께 응용해볼까요?

나는 여행에 필요한 것을 사야 해요. **hint** trip

____

나는 발표에 필요한 것을 사야 해요. **hint** presentation

____

정답 : I should buy the stuff for the trip.
I should buy the stuff for the presentation.

다니엘 헤니가 알려주는 | Key Expression

제가 할인을 받지 않고 있었다는 것을 알아차렸어요.

❶ I **realized** I was not getting a discount.

저는 당신이 머리를 잘랐다는 것을 알아차리지 못했어요.

I didn't **realize** you got a haircut.

저는 새로운 가게로 바꿨어요.

❷ I **switched to** a new store.

저는 맥주로 바꾸고 싶어요.

I want to **switch to** beer.

55강

음식을 주문할 때는 예의 바르게!

Interview

Q: What is a good way to order food at a foreign restaurant?

외국에 있는 식당에 가서 음식을 주문할 때 어떻게 해야 할까요?

So, it's different everywhere you go.
어디냐에 따라 다르죠.

Um, so ❶ **what you want to do when you go to these restaurants is,**
이런 식당에 갈 때 여러분이 하고 싶은 것은

say, you know, find out what you don't like. That's the most important thing.
내가 무엇을 싫어하는지를 파악하셔야 해요. 그게 제일 중요해요.

If you don't like spicy food, ask the waitress "Is it spicy?"
매운 음식을 싫어하신다면 직원에게 "이거 맵나요?"라고 물어보세요.

If you don't like salty food, ask the waitress "Is it salty?"
짠 음식을 싫어하신다면 직원에게 "이거 짜요?"라고 물어보세요.

You know, they need to help you there.
그런 면에서 도와주려고 계신 분들이거든요.

❷ **It's always good to be nice and kind.**
그리고 항상 상냥하고 친절하게 하는 것이 좋아요.

Just be polite, be kind, and ❶ **everything will work out for sure.**
예의 바르게, 친절하게 행동하세요. 그럼 모든 일이 분명히 잘 풀릴 거예요.

So, for example, if I have something I don't like, you know,
예를 들어, 나온 음식에 마음에 들지 않는 점이 있다면

❷ **I'll call the waiter over,** and I'll say "Excuse me, um... my steak is a little bit too rare", you know?
저는 웨이터를 부를 거예요. "실례합니다. 제 스테이크가 조금 덜 익었는데요," 이렇게요.

You don't want to just say, "Steak's too rare".
그냥 "이거 스테이크가 덜 익었네" 이러지는 마시고요.

Say, "Excuse me", smile, "Steak is a little bit... you know, a little bit... **조금, 조금,** rare **한 것 같아요**".
"실례합니다" 이렇게 웃으며 부르신 뒤 "제 스테이크가 조금 덜 익은 것 같아요" 이렇게 하세요.

You don't have to be overly apologetic, you know, so, "Sorry, sorry".
물론 지나치게 위축돼서 "죄송합니다, 미안합니다" 이러지는 마시고요.

You don't have to apologize, just say,
사과하실 필요는 없잖아요. 그냥 말하세요.

"Excuse me, I think my chicken is a little too cold",
"실례합니다. 닭고기가 좀 차가운데요" 이렇게요.

and then they will say "Okay", and say "Thank you".
그러면 직원분이 "알겠습니다"라고 처리를 하겠죠. "감사합니다" 대답해 주시고요.

That's really important.
그런 것이 정말 중요해요.

Because it's not their fault, you know? They're just trying to work.
서빙하는 분들 잘못이 아니거든요. 그분들은 그저 맡은 일을 하는 것뿐이죠.

what A want to do~

A가 하고 싶은 것은 ~이다

❶ What you want to do when you go to these restaurants is~
이런 식당에 갈 때 여러분이 하고 싶은 것은 ~입니다.

친구와 마라톤에 참가했을 때

■ 그럼 함께 응용해볼까요?

내가 하고 싶은 것은 자는 거예요. hint sleeping

___

내가 하고 싶은 것은 커피를 마시는 거예요. hint drinking coffee

___

정답 : What I want to do is sleeping.
What I want to do is drinking coffee.

It is good to~
~하는 것이 좋다

❷ It is always good to be nice and kind.
항상 상냥하고 친절하게 하는 것이 좋아요.

사촌 동생이 고등학교를 졸업했을 때

■ 그럼 함께 응용해볼까요?

일정을 확인하는 것이 좋아요. hint check the schedule

____

많은 친구를 사귀는 것이 좋아요. hint make lots of friends

____

정답 : It is good to check the schedule.
It is good to make lots of friends.

다니엘 헤니가 알려주는 | Key Expression

모든 일이 분명히 잘 풀릴 거예요.

❶ Everything will **work out** for sure.

당신의 계획은 잘 풀릴 거예요.

Your plan will **work out**.

저는 웨이터를 부를 거예요.

❷ I'll **call** the waiter **over**.

당신의 여동생을 불렀나요?

Did you **call** your sister **over**?

Our hotel serves continental breakfast.
저희 호텔은 콘티넨털 조식을 제공합니다.

호텔에서 묵는 묘미 중의 하나는 아마도 조식 서비스 일 겁니다. 가장 전형적인 조식 스타일은 continental breakfast와 English breakfast가 있습니다. Continental breakfast는 유럽의 대륙(continent)에서 선호하는 가벼운 조식 스타일로, 기름진 음식이 아닌 빵, 과일, 햄, 치즈 등의 차가운 음식과 커피나 주스 같은 음료의 구성이지만, English breakfast는 영국(England)에서 먹는 조식 스타일로 베이컨, 소시지, 감자튀김, 스크램블드에그 등과 같은 따뜻하고 기름진 음식을 포함합니다. 오늘날 영국 가정에서는 아침에 간소한 메뉴를 선호하지만, 주말에는 여전히 푸짐하게 English breakfast를 차려 먹는다고 하네요.

56강

외국 생활에
자신감이 생겼어요.

Interview

Q: Tell us about your first experience overseas?

처음 외국에서 지낸 경험에 대해 말해주세요.

It was um... in Hong Kong.
제가 홍콩에 있었을 때의 이야기예요.

I was 21 years old and ❶ **it was my first time using a passport.**
21살이었고, 제가 처음으로 여권을 사용하는 거였어요.

I lived in America... I was very American, you know, very um... narrow-minded.
그전에는 계속 미국에 살았죠. 저도 미국인다웠죠. 편협했다고나 할까요?

We say narrow-minded,
영어로는 'narrow-minded'라고 표현하는데,

and narrow-minded means people that um... don't think a lot about other countries.
다른 나라에 대해 별로 생각을 안 하는 사람들을 의미해요.

So ❶ **I was very narrow-minded.**
저는 매우 편협했어요.

And um... I was staying in a model apartment.
모델 전용 아파트에서 살았는데,

❷ **It was the size of a closet,** the size of a closet, and there was no floor
그것은 옷장만 한 크기였어요. 바닥이 없었죠.

because the bed, the **침대**, the **침대** was like the whole floor.
침대가 거의 바닥의 전체를 차지했기 때문이죠.

And my shelves were up here. So I had to put my luggage on the top.
선반은 이렇게 위에 있어서 제 짐도 위에 두어야 했죠.

I started sweating, I was like, 'oh my god', you know, 'what have I done?'
막 땀을 흘리면서 '와, 내가 무슨 일을 저지른 거지?' 생각했어요.

'This is a bad idea.' I thought.
'잘못 판단한 것 같다'라고 생각했죠.

And I was thinking 'okay, I'm going to go home. This... this sucks. I'm going to go home.'
그러고는 생각했죠. '그래, 집에 가야겠어. 이건 최악이야. 그냥 집에 갈 거야.'

And then uh... I mean, Hong Kong is the reason that I am here today because I...
그런데 홍콩에서의 경험이 있었기에 지금 제가 여기 있는 거예요. 왜냐하면,

❷ I got confident, you know, **about living overseas...**
it was my first experience, but it was very scary.
저는 외국에서 생활하는 것에 대한 자신감이 생겼어요. 제 첫 해외 거주였는데 정말 무서웠거든요.

Q: Any tips when trying to pick up a new language?
새로운 언어를 배우는 사람들을 위한 조언이 있다면?

So the most important thing to do is just to try.
가장 중요한 것은 시도하는 것인데,

Like, even when you're learning a language.
언어를 배울 때도 적용이 되죠.

So the most important thing when you... when you move to go overseas or you learn a new language,
해외로 나가거나 언어를 배울 때 가장 중요한 것은,

anything like that, is to be confident and to take risks and to try.
꼭 그 둘이 아니더라도 자신 있게 위험을 감수하고 시도를 해보는 것이죠.

first time ~ing
처음으로 ~하는

❶ It was my first time using a passport.
제가 처음으로 여권을 사용하는 거였어요.

취업 준비 그룹 스터디를 시작할 때

■ 그럼 함께 응용해볼까요?

이번이 제가 처음으로 여행하는 거예요. hint travelling

____

이번이 제가 처음으로 취직하는 거예요. hint getting a job

____

정답 : This is my first time travelling.
This is my first time getting a job.

confident about~

~에 대해 자신 있는

❷ I got confident about living overseas.
저는 외국에서 생활하는 것에 대한 자신감이 생겼어요.

부모님 결혼기념일을 맞아 음식을 준비할 때

■ 그럼 함께 응용해볼까요?

나는 내 패션에 대해 자신 있어요. hint my fashion

____

나는 내 발표에 대해 자신 있어요. hint my presentation

____

정답 : I am confident about my fashion.
I am confident about my presentation.

다니엘 헤니가 알려주는 | Key Expression

저는 매우 편협했어요.

❶ I was very **narrow-minded.**

너무 편협하게 굴지 마.

Don't be so **narrow-minded.**

그것은 옷장만 한 크기였어요.

❷ It was **the size of** a closet.

당신의 개는 소만 한 크기네요.

Your dog is **the size of** a cow.

I'm dreaming to have a holiday romance.

나는 휴가 로맨스를 꿈꿔요.

여러분은 혼자서 여행하는 것을 즐기나요? 요즘 주변에서 나 홀로 여행을 다니다가 게스트하우스나 관광지에서 친구를 사귀었다는 경험담을 종종 듣곤 하는데요, 미국인들 사이에서도 이처럼 여행지에서 우연히 사람을 만나 사랑에 빠지는 것에 대한 로망이 있다고 합니다. 이를 영어로 holiday romance라고 해요. 영화 '비포 선라이즈(Before Sunrise)'와 같이 holiday romance를 소재로 삼은 영화들이 종종 나와 가슴을 설레게 할 때가 있잖아요. 휴가 로맨스라니, 듣기만 해도 빨리 여행 가방을 싸야 할 것 같지 않나요?

마풀영어

마풀어학연구소

대표 이현준
회사명 이카이스(주)
주소 서울시 강남구 선릉로 119길 15(논현동 THE BEAT빌딩 4층)
대표전화 1670-8056
팩스 1670-8835
홈페이지 http://www.mapoolcampus.com

다니엘 헤니와 함께 마법처럼 풀리는 영어

2019년 2월 1일 초판 1쇄 인쇄
2019년 2월 8일 초판 1쇄 발행

지은이 마풀어학연구소
발행인 장진혁
펴낸곳 형설출판사
주소 경기도 파주시 회동길 37-23
전화 (031) 955-2361~4
팩스 (031) 955-2341
등록 504-25-89441
홈페이지 www.hyungseul.co.kr

ISBN 978-89-472-8296-3 (13740)

이 도서의 국립중앙도서관 출판시도서목록(CIP)은 서지정보유통지원시스템 홈페이지(http://seoji.nl.go.kr)와 국가자료공동목록시스템(http://www.nl.go.kr/kolisnet)에서 이용하실 수 있습니다. (CIP제어번호 : CIP2018038646)